栄光の松竹歌劇団史

憧れの星座たちが歩んだ軌跡

小針侑起

日本評論社

目次

本書をお読みいただく前に

本書では松竹歌劇団員を「生徒」の表記に統一し、作品名の表記についてはできる限り当時の資料に当たってそれにならった。引用表記は原典に沿っているため、一部に旧仮名遣いを使用しており、また表記に揺れがある。そして、現代では不適切と取られかねない表現・表記を引用している場合があるが、当時を尊重して掲載したことをご承知おき願いたい。

第一章　松竹楽劇部の創設

芸能の聖地・浅草の一角で

一九二八（昭和三）年一〇月一二日、東京・浅草松竹座で旗揚げされたのが東京松竹楽劇部、のちの松竹歌劇団である。当時の浅草は関東大震災後の復興ムードにつつまれて活気が満ち溢れており、浅草六区には活動写真館、芝居小屋、寄席などが立ち並んで、空前絶後の興行街を形成していた。

すでに大阪では一九二二（大正一一）年に松竹楽劇部が設立され、飛鳥明子、瀧澄子、衣笠桃代らのスターを生み出し豪華な舞台を繰り広げ、ライバルの宝塚少女歌劇団は一九二七（昭和二）年に日本初のレビュー『モン・パリ』の公演を成功させて、レビュー時代の幕開けを華やかに飾っていた。東京でもまもなく数々のレビュー団が生まれるが、浅草オペラの残党らによる色気や猥雑さが売り物の舞台であった。

そのような時代背景の中で、一九二八（昭和三）年八月三〇日から浅草松竹座の開場公演として「大東京都下のムーランルージュ！」の謳い文句も華々しく、『虹の踊り』が上演された。このときの出演者は大阪松竹楽劇部であったが大評判を呼んだため、大阪松竹合名社から派遣された劇場支配人の蒲生重右衛門が、東京でも個別に楽劇部を創設することを松竹・白井松次郎社長に提言し、それが実現したのが東京の松竹楽劇部であった。

そして早速『虹の踊り』公演中に新聞各紙に「東京松竹楽劇部女生第一回募集」の広告が発表された。当時の新聞報道によると百三十余名の応募者があり、モダンダンサーの高田雅夫や花柳輔蔵らを審査員として同年一〇月六日からオーディションが行われている。

この中から選ばれたメンバー十四人が第一期生として入部を許されたが、この中には後に松竹楽劇部の人気を背負って立つ水の江瀧子のほか、石上都、草香田鶴子らがおり、オーディション当日の様子について一期生の東

路道代（和田妙子）は

何人もの面接官を前に質問をされた程度で筆記試験はなかった。面接を終えてしばらく待っていると、もう結果を申し渡されるという具合で、なんと、私は実にあっさり合格。（『上海ラプソディー』）

と書き残しているが、この東路道代は後年上海のフランス租界で名を馳せたダンサー・マヌエラの若き日であり、戦後はクラブ・マヌエラを経営して芸能界・政財界で広く知られた人物である。

そして一九二八（昭和三）年一〇月一二日に入学式が挙行され、当時の新聞には「松竹楽劇部 東京組愈よお誕生」（『読売新聞』一九二八年一〇月一〇日）の見出しが掲載され、東京松竹楽劇部の創設となったわけである。

芸名については、宣伝部長の岡崎茂一郎を中心として、万葉集に収録された歌のなかから言葉を組み合わせ考案されたもので、水の江瀧子の芸名は柿本人麻呂の

あしかものさわぐ入り江の水の江の　世に住みがたき我が身なりけり

と詠んだ中から生まれた芸名である。

当初、和田妙子が「水の江瀧子」の芸名を申し渡されたがその名前にしっくり来ず、「東路道代」の名を受け取った生徒と芸名の交換が行われた。最初に「東路道代」の名を受け取っていたのが三浦ウメであり、交換が行われたことによって誰もが知る水の江瀧子が誕生したことは面白いエピソードである。

なお東路道代は、一九二九（昭和四）年五月に洋舞教師であった永井三郎と結婚のために退部した。

松竹座三階を稽古場として朝十時から夕方まで稽古が行われたが、当時の様子については

ハチクの勢ひで發展してゐた大阪の松竹樂劇部に對抗出來るやうにと未完成品どころか、レビュウのレの字も知らないやうな私たちを、育て上げよう、育てられようといふのですから、その激しさはお察しの外です。（『白銀のダリア』）

と記されている。

当時の指導者には洋舞として高田雅夫、永井三郎、日舞が花柳輔蔵、声楽が天野喜久代という豪華な顔ぶれで、二か月間の短い研修期間を経て一九二八（昭和三）年一二月上演の御大典記念松竹座レヴュウ『奉祝行列』（五景）で初舞台を踏むこととなった。

一期生『奉祝行列』の舞台を踏む

大正天皇が崩御し、新たに昭和天皇が即位したことを祝う記念すべき作品で当時東京市では即位を祝う市民によって旗行列や提灯行列が行われる賑やかさであった。その中で生まれた作品が『奉祝行列』で、その主題歌として『奉祝小唄』（食満南北・作詞、松本四良・作曲）が歌われた。

おどれ踊れ夜もすがら唄へ踊れ　千代に八千代の大御代を

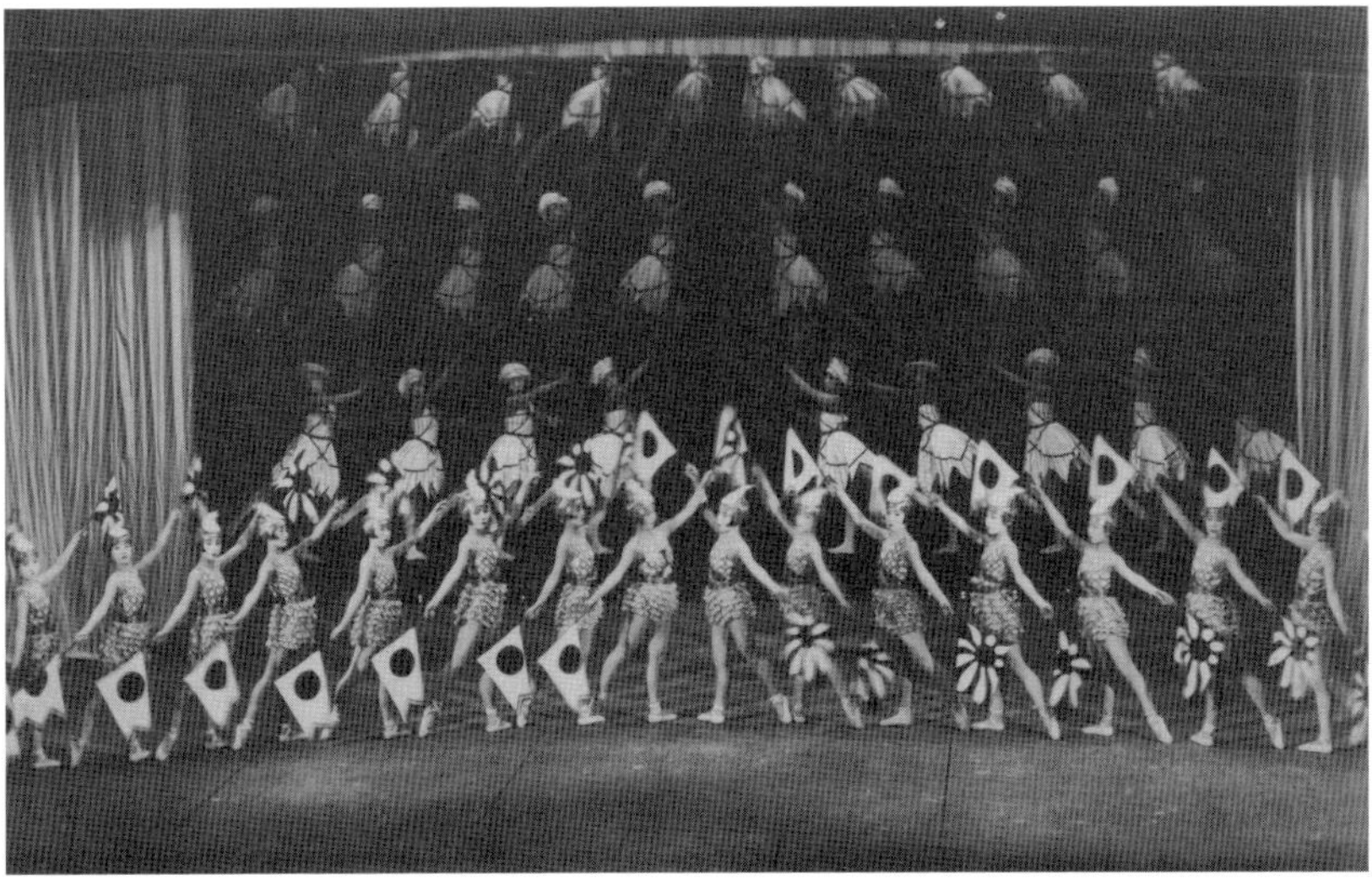

『奉祝行列』の舞台写真。舞台奥の群舞として東京組は初舞台を踏んだ。
手前で国旗を手にするのは大阪組の生徒。（飛鳥明子旧蔵アルバム）

松竹楽劇部1期生の初舞台となった
『奉祝行列』（1928年）のプログラム。（筆者蔵）

かあい可愛いあの娘と踊るならば
モダンで踊るよブラックボトム

うたへ歌へ大空ひびけと歌へ　めでためでたの若松さまよ
すきな好きなあの娘に聞かさうならば
テナーで唄ほよブラックボトム

この『奉祝小唄』が松竹歌劇団史の中において最初の主題歌となった。

しかしこの公演において東京組は大阪組の応援出演にすぎず、ソロで踊るのは大阪組のスター・飛鳥明子で、ほかに下級生として三笠静子（笠置シヅ子）の名前もみられる。東京組は第一景での群舞、第二景で祭りの衣裳で花車の綱を引いて出てくる子どもたち、第五景のフィナーレでは日の丸の旗を持って踊るというものにすぎなかった。

当時のプログラムを見ると、水の江瀧子は「水江たき子」と表記されており、男性出演者として市川舛蔵の名も巨人役で確認することができる。

市川舛蔵が舞台で演じた「巨人のつらね」が当時のプログラムに掲載されており、舞台の様子を伝える貴重な参考資料としてここに掲載したい。

こざしいわつばしめ、みづほの國の豊の秋、千代を寿ぐわれこそは
大和の三郎昭和とて、めでたき御代に大君の

御ひざ近くも万歳をうたふも松と竹の縁、
その奉祝の行列を、何と三升のレビュー共一人二人はジャズくせへ、
オーケストラはいとわぬめへが、其の力がみ力ぐさ、
ソロもバレーもひとつかみ、祝はうて手玉にトーダンス、
チャールストンと投げ飛ばす、テクニカラーにお足はねえ、
いざや揃ってキネマよし、悪るくいやだとソシャルと、
唯はおかねえ松くまの活動ぶりを見よやヱイ

というもので、モダン昭和時代を反映させたものであった。

水の江瀧子は後年、初舞台が終わったときに「どこにいるか判った？ どうだった？」と姉に聞いたところ「ウメちゃんどこに出てるんだか、一寸もわからなかったわ」と言われたという笑い話をたびたび披露している。

そして一九二九（昭和四）年二月には、数年後に水の江瀧子とのコンビで人気を集めることになる小倉みね子が入部（一期生に編入される）。続いて同年六月に二期生として十八人が入部している。この二期生には津阪織枝（オリエ津阪）、長門美千代、西條エリ子らがおり、そこに洋舞教師の高田雅夫が急逝したことで、穴を埋めるために高田の妻で同じく洋舞家であった高田せい子が指導者として迎えられた。加えて、高田雅夫舞踊団の一員であった吉川秀子、白木貞子、石河菊枝、益田隆ら舞台経験者が入部して舞台に花を添えることとなった。

ここで違和感を抱く読者の方もいらっしゃるだろうが、益田隆はれっきとした男性ダンサーであり、のちに日劇ダンシングチームの指導者兼出演者としても舞台に立った人物である。なんと一九二九年から一九三〇年代前

期の数年間、男性ダンサーが主演級の男役を演じていた時代があったのだ。

新歌舞伎座開場

一九二九（昭和四）年九月には、新宿に新歌舞伎座（一九三四年九月に新宿第一劇場と改称）が開場したため、大阪組との合同でこけら落とし公演『新宿行進曲』が上演された。津阪織枝は『新宿行進曲』が初舞台となっているが、当時月給と出演手当で三十円であったと、自叙伝『ルンバの嘆き』に書く。

そして同年一一月に浅草松竹座で行われた『松竹フォーリーズ』（七景）が、東京組の初単独公演となっている。考案と振付は高田せい子で、声楽指導者であった天野喜久代が特別出演としてプロローグで『泣いてくれるな』、第三景では『印度の唄』、第六景で『娘十八や淋しいよ』を独唱し、あとは益田隆が楽劇部員をバックにソロで踊る程度。この時点では、まだセンターに立つべきスターが誕生していないことがわかる。

戦後、ファン誌のひとつであった『オペラファン』に「SSK STORY」を連載した西岡浩は「昭和四年までを揺籃期としますと、明けて昭和五年は擡頭期ということが出來ませう」と書く。

一九三〇（昭和五）年の目ぼしい公演としては、一月にハリウッドで脚光を浴びた日本人俳優・上山草人の帰朝歓迎レビュー『モンゴールの王子』（七景）の公演が行われたが、ここでも東京組は相変わらず大阪組の応援出演にすぎず、依然としてスターは生まれていなかった。

この『モンゴールの王子』では、上山草人がハリウッドで出演した映画『バグダッドの盗賊』を下敷きにしたであろう場面を第二・三景で展開、当時としては大きな話題を呼んだレビューで、浅草松竹座、新宿松竹座での公演を経て、東京組はじめての地方公演として名古屋へ赴くこととなった。このとき、それまで地方へ赴くことがなかったことから生徒内で「東京樂劇部は前途に見込みがないから、この旅興行を最後解散する！」（『白銀の

娘役スター第1号となった小倉みね子。（筆者蔵）

ダリア』）という噂が広がったらしい。

解散は噂であったとしても東京組だけで観客を呼ぶのが難しかったのは事実で、そのようなタイミングで関東大震災からの復興を祝う「帝都復興祭」が東京市内で行われた。

帝都復興祭の開催とバッティングさせて、三月に帝都復興を記念したレビュー『世界の東京』が浅草松竹座で上演されたが、この作品で特筆すべき点は東京組からスターを作るべくミス・トウキョウ役として小倉みね子を抜擢したことである。

小倉は一九一四（大正三）年に京都舞鶴出身、間もなく上京し芝で育つ。小倉の楽劇団入部については一期生から二か月ほど遅れているが、同期生たちが続々辞めてしまったために、一期生に編入という形がとられている。したがって一期生でも小倉の初舞台は『奉祝行列』ではなく、一九二九（昭和四）年四月に上演された『カレッジ・ライフ』であった。

小倉は自叙伝『小島利夫と私』のなかで、

> 『世界の東京』でミス東京の大役をいただき、新聞に写真が載ったり、明治座の大舞台で松竹映画の子役スターだった藤田姉妹に花束をいただいたりして、幸せすぎるデビューができました。

と書き残している。

この作品が大成功をおさめたことで楽劇部解散の噂は消え、小倉が書くように明治座でも公演が行われた。松竹歌劇団の礎となった作品とすることができよう。

注目を浴びた東京踊り

そして四月には第一回『東京おどり　春の曲』（幕なし十景）の公演が行われ、「帝都復興の新名物」「大森正男帰朝第一回演出」との説明も添えられている。戦後まで長く使用された「春だ！　踊りだ！　踊りだ！　春だ！」のうたい文句は、第一回から使用されているものである。

幕なし十景という当時としてはそれまでにない豪華さで、プロローグでは

真っくらな中で静かに緞帳があがり切ると、チョーンとひゞく柝の音で一ぱい吊ってある大小五色の提灯に一せいにパッと灯がともり、眼のさめるやうな明るさの内にお囃子が始まるといふ派手は仕掛けで観客の度膽を抜きました。（「SSK STORY」）

という演出が行われ、「第一景　春の灯」「第二景　さくら」「第三景　やなぎ」「第四景　かげらふ」「第五景　くれなゐ」「第六景　絵馬」「第七景　パリの花」「第八景　のどか」「第九景　かすみ」「第十景　春の曲」と各景が題されて、十景のフィナーレでは全七十人の総出演となっている。

水の江瀧子著『白銀のダリア』には「三景「やなぎ」ではのどかなワルツ。五景「くれなゐ」では真紅のマンテラをまとうてスパニッシュダンス。七景の「パリの花」では魅惑的なフレンチカンカン。いろとりどりの踊りでした」と記されているが、まだ水の江は群舞のひとりであった。

この第一回『東京おどり』公演で使用された『春の唄（桜咲く国）』（岸本水府・作詞、松本四良・作曲）は、同時期に

大阪松竹楽劇部、第五回『春のおどり』のなかで創唱されたものだが、この『東京おどり』の第十景で歌われたのが東京初披露となった。以後、東西松竹レビューのテーマソングとして歌われることになるが、戦時中には歌詞が改訂されたりと時代の流れの中で紆余曲折を経た歌となったことは、本書内の各章で記していく。なお、現在ＯＳＫ日本歌劇団で歌われる同曲は三番まであるが、三番の歌詞は戦後ＯＳＫ用に加筆されたもので、東京では歌われていない。

第一回『東京おどり』は大盛況で、東京松竹楽劇部始まって以来の大入りとなり、早朝から開場を待つ観客たちが劇場を取り巻いたという話も残されている。浅草松竹座を皮切りに新宿松竹座、そして帝国劇場での公演も行われて、それまでの浅草の観客だけではなく、新宿・日比谷とかなり広い客層に松竹レビューの豪華絢爛さをアピールする格好の公演となったことだろう。なお、第二回まで『東京おどり』と表記され、第三回から『東京踊り』と漢字表記となった。

人気を集めた野球レビュー

『東京おどり』の次の公演である五月『松竹座リーグ戦』（五景）は早慶戦華やかなりし時代に学生野球を取り入れたレビューで、早稲田大主将＝小倉みね子、慶應大主将＝水の江瀧子、明治大主将＝吉川秀子、法政大主将＝外山まさ子、立教大主将＝浅香茂子、帝国大主将＝石河菊枝という配役で、水の江に役らしい役がついた最初期の作品だろう。この公演中、「六大学の名称をそのまま舞台で使用した」ということで六大学野球連盟から抗議を受けたことがあったそうだが、それも舞台の評判を盛り上げるひとつの要素となった。また、この公演は「大伴まち子さんと片岡朝子さんが、東京樂劇部はじまつて以來初めてセリフを云ひました」と水の江瀧子著『白銀のダリア』に記されている。

学生野球華やかな時代。
野球ユニホームの衣裳に身を包んだ水の江瀧子。(筆者蔵)

ちなみに、それまでプログラムには「水ノ江たき子」とされていたが、この公演から「水の江瀧子」と表記されるようになった。

同年七月には初めての東京劇場での公演が叶い、東西松竹レビュー合同公演では大阪組の舞踊詩『アルルの女』『ジュジュ』、東京組はバラエティ『近代見世物風景』を演じた。最後には松竹楽劇部総出演による『松竹大レヴュウ』(十七景)を上演。出演人数七百人をうたった空前絶後の豪華公演で、季節感や日本各地の名所を織り込んだ出し物は大好評となり、一か月半の期間を満員にし続けたロングランとなった。この公演のフィナーレで歌われた『天神祭どんどこの唄』は、浅草オペラのスターであった田谷力三の歌唱でレコード化がなされた。

なお、『楽劇』(一九三〇年七月号)には『楽劇部の唄』(時雨音羽・作詞)の歌詞が掲載されており、松竹歌劇のテーマソング的な歌が作られた嚆矢として、ここに歌詞を掲載したい。

ふりそゝぐ虹の光　なりひゞく戀のドラム
このひとゝきは夢見るときよ　いざ來てみませ
たのしの夢を　レヴュー　レヴュー
なつかしのレヴュー

わきいづるみづのほとり　かげうつす月の如く
今花園の花はおどるよ　このよろこびを
誰にさゝげん　レヴュー　レヴュー
なつかしのレヴュー

かすかに　かすかに　さゝやく唄は
くめど　くめども　つきぬメロデー
胸に秘めたる戀のメロデー

また、この公演時に六期生が初舞台を踏んでおり、後に映画女優として名を残すことになる逢初夢子、水久保澄子、間もなく娘役として頭角を現す大塚君代、駿河春枝、渋谷正代、のちに日劇に移籍し活躍する三橋蓮子などが入部するスター豊作の年であるが、そのなかの久世蘭子は舞台演出家・宮本亞門の母である。久世は神楽坂にあったフルーツパーラーのレジ係を経て楽劇部入りし、結婚後は夫とともに新橋演舞場前に喫茶店を開業した。

さらに同年九月に浅草松竹座上演の秋のレビュウ『松竹オンパレード』（十景）は松竹歌劇団史に残る記念すべき公演となった。司会の紳士役として水の江瀧子・小倉みね子、園池緑・大伴まち子、それぞれのコンビが交互出演したのだが、この公演を期に水の江は断髪。それまでの男役は長い髪を束ねて大きめのシルクハットの中に隠すという手法を用いていただけに、水の江の断髪姿は画期的なものとなった。

このレビューの作・演出は後年『愛染かつら』『蛇姫様』などで名を成す作家・川口松太郎で、主題歌『松竹オンパレードの歌』は「♪初秋空にさきがけて　わがあこがれの乙女らは」というもので、のちに恒例となる『秋の踊り』主題歌を先駆けたともいえる主題歌が歌われた。舞台では高輪芳子が歌い、レコードでは歌唱指導者でありながら浅草オペラ出身の歌手として華やかな経歴を持つ天野喜久代によってレコーディングが行われている。

また舞台意匠として大阪松竹で印象的な仕事を行っていた山田伸吉が加わっており、それまでの東京組の舞台とはまた違った雰囲気の舞台であったと想像ができる。

このように一九三〇（昭和五）年頃になると松竹楽劇部は人気が高まったことで入部希望者が増加。公演する劇場も増えたことによって一〇月からは松組、竹組の組分けがなされ、翌年一月には松・竹・梅・桜の四組となって公演が行われた。しかし、いつしか組は解消されて、同時期に違う劇場に出演する場合は、そのときどきによって選抜メンバーで形成されるという形態に落ち着いている。

そして同年一一月には雑誌『アサヒグラフ』に連載されていた漫画「親父教育」をレビュー化した『お馴染みのヂグスとマギーの漫画レヴュウ　親父教育　活動の巻』（五場）を上演。演出が青山杉作、夫・ヂグスを益田隆、妻のマギーを吉川秀子が演じている。「親父教育」は海外の人気漫画を日本語に訳した作品で、後年『銀河鉄道９９９』がレビュー化されているが、それよりも五十年も前に漫画の実演化は行われていたのであった。

同年一二月には七月に大好評を博した東京劇場の第二回公演が早速行われている。ここで特筆したい点として、前回は大阪組が主体となった公演であったが、今回は『クリスマス・プレゼント』（全五景）、『今年の東京』（全十二景）、『シャラバン』（全十六景）、『ヴァニティフェア』（全十景）の四本のプログラムのうち、『クリスマス・プレゼント』『今年の東京』は東京組が主体となっている。『今年の東京』は一九三〇（昭和五）年に巻き起こったトピックをレビューに仕立てた作品で、一月「金解禁」、二月「麻雀流行」、三月「帝都復興祭」、四月「東劇開場式」、五月「極東オリンピック大会」、六月「不景気深刻」、七月「海」、八月「東飛行士立川着」、九月「銀座」、一〇月「野球リーグ戦」、一一月「花電車」、一二月「扨て十二月は？・」と当時のプログラムに記載されている。一〇月の「野球リーグ戦」では水の江がゴム長靴に半纏、ねじり鉢巻き姿といういでたちで野球の応援団長を演じ、男役としての水の江をより一層有名にした作品となった。

また一二月の景はシークレットになっているが、背景には東京駅があり「勘平・定九郎の山崎街道」のパロディを演じたもので、これは浜口雄幸首相が東京駅で銃撃されたことを風刺した作品であった。ところが「少し利き過ぎてこの件が禁止になつた曰く附きのものだ」（『映画と演藝臨時増刊　レヴュウ號』一九三二年）と解説されており、恐らく上演中止となって内容が差し替えられたと思われる。

当時の浅草のにぎわい

このように松竹座でのレビューの勢いが東京を席巻するようになると、浅草六区の劇場でも小規模のレビューが上演されるようになるが、浅草六区興行街の様子はどのようなものであったか触れてみたい。

そもそも浅草六区興行街は明治時代中期に勃興したもので、歌舞伎、新派、玉乗り、娘義太夫、寄席、そして活動写真と、ありとあらゆる芸能が集結した日本最大の芸能の聖地となっていた。大正時代に入るとより華やかさを増して、そこで全盛時代の迎えたのが浅草オペラであった。そもそも浅草オペラの発端は一九一一（明治四四）年より行われた帝国劇場歌劇部（のちに洋劇部と改称）の公演で、イタリアより舞踊教師であったジョヴァンニ・ヴィットリオ・ローシーを招聘してオペレッタや舞踊公演を行ったものの失敗に終わってしまう。結果的に帝劇洋劇部は解散となってしまうが、この帝劇洋劇部の生徒として学んだ中に東西松竹楽劇部の指導者となった舞踊家の高田雅夫、高田せい子、オペラ歌手の天野喜久代、井上起久子ほかが在籍していたことは運命的であったともいえる。なお同じく洋劇部員であった岸田辰彌は宝塚少女歌劇団の教師となり、一九二七（昭和二）年には『モン・パリ』を演出、日劇ダンシングチーム立ち上げの際にも大きく関わった。

このように帝劇洋劇部は解散となったが、ローシーは一九一六（大正五）年に赤坂ローヤル館においてローシー・

オペラ・コミックを旗揚げし、そこに新人として登場したのが浅草オペラの象徴ともいえるオペラ歌手の田谷力三であった。一時は華やかに公演が行われていたものの間もなく経営困難に陥って一九一八（大正七）年には解散。ローシーは家族を引き連れて日本の地をあとにしている。

一方では一九一五（大正四）年に帝国劇場にも出演した洋行帰りのトゥーダンサー・高木徳子が浅草に進出し、一九一七（大正六）年浅草常盤座で上演した歌舞劇『女軍出征』（伊庭孝・作）が大ヒット。そこに帝劇やローヤル館の舞台に立った俳優たちが流れ込んだことで、浅草ではオペラ公演が繰り広げられることになり、一躍浅草オペラ時代が到来することになった。浅草オペラが全盛時代を迎えると権威のない歌劇団が乱立し、オペラや舞踊の素養のない役者たちが舞台に立つような事例がいくつも見られたために楽壇からは問題視された一面もあった。しかし浅草オペラの中枢で活躍した俳優や劇団幹部たちは意識高く、日本初演となった名作オペラの数々を上演しており、その熱意と行動力には脱帽せざるを得ない。なお、浅草オペラ最大の歌劇団であった根岸歌劇団には清水金太郎や田谷力三、天野喜久代などの幹部俳優がいたほか、端役やコーラスボーイとしてジャズ歌手の第一人者となる二村定一、後に日本の喜劇王といわれる榎本健一、映画女優の浦辺粂子らが在籍していたことも記しておきたい。

しかし一九二三（大正一二）年九月一日に発生した関東大震災をきっかけとして浅草オペラは下火となって、その後も細々と公演は行われていたが一九二七（昭和二）年を最後に浅草でのオペラ公演は消滅してしまう。

それに打って代わるように一九二八（昭和三）年に浅草松竹座で松竹楽劇部が誕生するわけだが、一九二九（昭和四）年に浅草電気館で浅草オペラの残党によって電気館レビューが上演され、また同年七月に浅草水族館で旗揚げされたカジノ・フォーリーには榎本健一が参加。それまで歌劇俳優を名乗っていた者たちはジャズを歌い、タップを踏み、新たな浅草の舞台で活躍することとなった。

レビュー・軽演劇全盛時代に入ってからも俳優たちの離合集散は当然のごとく繰り返され、一九三〇（昭和五）年には玉木座でプペ・ダンサントが旗揚げされたのを皮切りとして、以後ピエル・ブリアント（榎本健一一座）、金龍館レビュー、ヤパン・モカル、笑の王国、松竹フォーリーズ、グランテッカール等々、数々のモダンな劇団が浅草で旗揚げされて、この中から後に東宝重役となる菊田一夫や、川田晴久、清水金一、堺駿二らのコメディアンたちも育っていくことになる。これらの劇団では喜劇や軽演劇だけではなく、レビューやジャズもふんだんに取り入れ、時にはオペラ時代の名作を上演するなど、盛りだくさんな内容で観客を楽しまることに徹底していた。

このように水の江瀧子ら松竹楽劇部が出演していた浅草松竹座から徒歩数分圏内には数多くの劇団が出演、松竹傘下の劇団も多かったことから楽劇部からほかの軽演劇劇団へ移籍した生徒も確認することができる。

飛躍する松竹楽劇部

一九三〇年までは後年につながる基礎が築かれたわけだが、ここからは松竹歌劇団史のなかでは飛躍の年ということができよう。

まず浅草松竹座の新春公演では竹組・桜組『ジャズの初春』（一幕）、新宿松竹座では松組・梅組『ハッピイ・ニュウ・イア』（一幕）が上演され、関東大震災からの復興を経てモダン文化が華やかに開いた都市・東京の正月を彩った。この二公演では新たに『ガクゲキ行進曲』（段谷秋比登・作詞、益田銀三・作曲）が歌われており、以後、楽劇部のテーマ曲として歌われたのかは判然としないが、ここに歌詞を紹介したい。

胸は青空　眸は地の花よ
レヴュウむすめ　こゝろ意氣
ランラ　ラララと　踊ってゐれば
寒いうき世も　春や春

花は咲く間に　歌うたふ間に
若い日の夢　さめぬ間に
けふも朝から　ガクゲキ暮らし
キスを投げましょ　舞台から

戀のヴラエテ　身につまされて
忍ぶなみだの　ヴォードビル
ランラ　ラララと　うたってゐれば
いつか　忘れて氣も晴れる

陽氣陽氣で　をどろが無理か
若い身ぢゃもの　花ぢゃもの

明日もあさっても　ガクゲキ暮らし
キスを投げましょ　舞台から

レビューガールを歌った作品のようで、「キスを投げましょ舞台から」というフレーズがとても色っぽく聞こえたのではないだろうか。

この『ガクゲキ行進曲』が歌われた公演の後も、松組・梅組『ヂグスとマギーからみなさまへ　お年玉』と竹組・桜組『一九三〇年東京風景』が上演されている。『一九三〇年東京風景』は前年暮れに東京劇場で行われた『今年の東京』をリメイクした作品と思われ、今回は一月「金解禁」、二月「エロ」、三月「帝都復興祭」、四月「イット」、五月「極東オリンピック大会」、六月「女給時代」、七月「海」、八月「タコマ市號雄図挫折」、九月「圓タク」、一〇月「野球リーグ戦」、一一月「花電車」、一二月「不景気退治」と、当時の流行であったエロ・グロ・ナンセンス時代を反映させた内容に若干変更されている。

同年二月に浅草松竹座で行われた『流行の世界』は原作が杉岡宗三郎、演出・振付が江川幸一、日舞振付・尾上菊蔵、作編曲・松本四良、舞台衣裳・山田伸吉と、大阪スタッフによるものであった。なぜ浅草で行われた公演のスタッフが大阪スタッフだったのかというと、前年に大阪組が東京劇場で公演した『ヴァニティフェア』のリメイク作であったためである。

この公演について西岡浩は

司会者を西條エリ子がつとめ、石川五右衛門（園池緑）が背景を破って出て来たり、ジョセフィン・ベーカー（久米雅子）がウクレレを小脇にジャズったり、アパッシュの女（草香田鶴子）が五右衛門をとり押へたり、

とに角レヴュウ的な変化の多いたのしさは、今でも忘れることができません。（「ＳＫＤものがたり」『オペラファン』一八号）

と当時の楽しい舞台を回想している。

そして三月には『東京日日新聞』とのタイアップが実現して浅草松竹座で『国産レビュウ』（五景）が上演された。第二景「ぜひ国産」では千川輝美が「暫」を演じ大好評を得たという。その「暫」のつらねの一部をここに引用したい。

東夷南蛮北狄西戎、天地乾坤西夷八荒、隅から隅まで、なりひゞいたる大江戸の、歌舞伎の随市川、十八番の似よりとは申すもおそれ荒事を、真似て三升がみせものの、生きた広告アドレビュウ、まかり出でたるそれがしは、陶器は名古屋製陶器より地下鉄道にもかくれのねえ、ぜひ国産の優秀品、モードにおくれず奢侈に流れず、そのスマートなスタイルは、日本毛織の新製品、帽子は帝国製帽の、日の出に向ふ鳥印、彼女の化粧は新ミソノ、ウルトラモダーン新材料、その初恋はカルピスの、新鮮さより高密の、ローヤルベビー映写機に、撮す映画のラブシーン、明治の菓子か森永の、キャラメルよりもなほ甘く、友愛結婚新家庭、日本アルミのニューム鍋、瓦斯にしかけて主婦の友、見ながら作る手料理も、ヤマサ醤油の味加減、心づくしの晩餐の、卓騒がす黒松の、白鷹彼女は蜂葡萄、やがては愛の結晶、キンシミルクにすくすくと、簡易保険ものちの爲、そして家でも建てたなら、東京火災に入ろう等と、ほゝうやまって申す。

とこのように、作品のスポンサーであった当時の有名な商品や会社名を六十五も織り込んだものであった。

また、それまで帝国劇場別館の稽古場を共用していたが、この公演中の三月一二日には本郷座裏手に専用の稽古場「東京松竹楽劇部第一稽古場」が完成・開場式が行われ、第二回『東京おどり』の稽古から使用されるようになった。

初めての歌舞伎座公演

三月二六日初日で松竹楽劇部の歌舞伎座公演の幕が開いた。五日間という短期間の公演ではあったが、出演者は松竹専属の俳優・子役など総勢三百余名の大規模なものであった。

この公演の名目は「披露公演」で、浅草や新宿松竹座で行う本公演とは別に、中央の大劇場に出演する際に行う五日から一週間の短期間の興行形式をそのようにいった。この披露公演の大きな目的として、中流家庭以上の子女を顧客に取り込むというものがあり、それまでの浅草や新宿の歓楽街におけるレビュー公演に厳格な家庭の子女が訪れることは許されなかったが、歌舞伎座や東京劇場などの大劇場のレビュー公演には容易に出かけられるであろうという松竹幹部の見立てであったそうだ。その見立ては功を奏して、以後「披露公演」は続けられることになる。

初の歌舞伎座公演のプログラムは、『四月馬鹿（狼の話）』（一幕）、時事漫画『黒猫フェリックス』（四景）、天下太郎諸国漫遊記『アフリカ雄飛の巻』（七場）、最後には第二回『東京おどり』（十五景）で、ことに第二回『東京おどり』は手の込んだ華やかな出来であった。第一景「あけぼの」は小野小夜子、草香田鶴子、鈴川政枝の三人による槍踊りからはじまり、高田せい子が振付をした第七景「のどか」では水の江瀧子、石上都、久米雅子が風船を使用した踊りをみせ、第十一景「ハリウッド」ではチャップリンを大伴まち子、ハロルド・ロイドを藤田芳子、バスター・キートンを西條エリ子、ベン・タービンを石河菊枝が演じ、しかも彼女達が義太夫の出語り、人形振りをする演出が大いに受けて客席をわかせた。

この第二回『東京おどり』には『桜咲く国』だけではなく、『サクラ オン パレード』(西條八十・作詞、中山晋平・作曲)、『踊る東京』(西條八十・作詞、益田銀三・作詞)、『花嫁東京』(西條八十・作詞、益田銀三・作曲)の三曲が作られ公演に使用されている。この三曲はビクターレコードから発売されているので現在でも音源を聞くことができるが、『サクラ オン パレード』は羽衣歌子、『踊る東京』は渡辺光子、『花嫁東京』は市丸ら、松竹楽劇部とは関係のないレコード歌手によって録音が行われている。これは、主題歌レコードが基本的に在団生徒によって行われていた宝塚少女歌劇団とは違う点である。ちなみに後に『天龍下れば』『三味線ブギウギ』などのヒット曲で一時代を築いた芸者歌手・市丸のレコードデビューは、この『花嫁東京』であった。

シャム皇帝来日記念公演を上演

そして、この公演中に松竹歌劇団史上、特筆すべき公演が行われている。それは四月八日、歌舞伎座を貸し切った特別公演オペレッタ『奪われしわが愛しの妻よ』(三景)が上演されたのである。この公演はシャム国の皇帝・皇后の来日を記念した公演で、シャム皇帝一行を歌舞伎座に招待して行われたものであった。

この『奪われしわが愛しの妻よ』(三景)はシャムの古典劇『ラマヤーナ』を抜粋脚色した作品で、作・二荒芳徳伯爵、脚色・三島章道、舞台監督・木村錦花、演出・青山杉作、振付・高田せい子、作曲・弘田竜太郎、舞台意匠・伊藤熹朔、合唱指導・天野喜久代という、当時を代表する舞台関係者たちがスタッフとして集結している。

配役は魔王＝千川輝美、ラマ王子＝大伴まち子、ラマ王妃＝西條エリ子、ラマ王の弟＝小倉みね子、大白猿＝

岡崎明子、注進＝鈴川政枝、天帝インドラ＝大塚君代で、大好評だった第二回『東京おどり』の最中に行われたであろう稽古は、記念すべき作品であるだけに大変なものだったと想像ができる。

この公演に群舞として出演した千川輝美は当日の様子を、

ものものしい警戒の内に樂屋入りをする。二階の正面にシャムの兩陛下を始め秩父宮各皇族がきらぼしの如くいならぶ。階下、二階滿員。一生一代の晴れの舞台に皆緊張する（中略）最後にシャムの國歌を歌つた時は全員起立の内に幕下りる。樂屋へ歸つて來て一同大感激。

と書き、また鶴見良子は、

四月八日、初めての光榮に浴すべきこの良き日よ、事なかれと祈らぬ者はありませんでした（中略）兩國の旗に飾られた御座に、尊きお姿を仰ぎ見て、計られざる感激裡と緊張裡に精一杯一同が舞台をつとめ得た事は、大きな喜びでした。この拙き演技が御意にかなつたこと、それはほんとうに光榮の至りでした。（『楽劇』一九三二年五月号）

と機関誌に寄稿している。

このように行われた公演は松竹歌劇団史のなかでも特別なものであり、西岡浩は「SKDものがたり」のなかで「この特殊な公演で忘れてならないことは、これまでとかく浅草的レヴュウなどという形容詞で一般的に軽視されがちであった松竹楽劇部が、国際親善といういわば国家的な檜舞台に取り上げられたことによって、大いにその存在を明らかにするとともに、一つの大きな社会的信用を獲得したことです」と書く。

その後、松竹歌劇団の公演には海外国家の要人がたびたび訪れ公演を観劇した記録が残っているが、その一ページ目に記される記念すべき公演であった。

なお、この歌舞伎座における公演と時期を同じくして、歌舞伎座からほど近い新橋演舞場において宝塚少女歌劇団が上京し、レビュー『セニョリータ』の公演を行った。宝塚少女歌劇団はそれまでにも帝国劇場などにおいて東京公演を行ってきたが、歌舞伎座と新橋演舞場という徒歩数分の二劇場で同じ時期にレビュー公演が行われたために、松竹vs宝塚というライバルの構図がここで作り上げられることになる。その後、宝塚は年に三回の定期公演を新橋演舞場で行い、一方の松竹は東京劇場での公演を行ったために、ライバル意識はより高まっていった。

column

姉妹劇団・大阪松竹楽劇部

東京松竹楽劇部の成り立ちには、姉妹劇団の大阪松竹楽劇部（現在のＯＳＫ日本歌劇団）が大きく関係する。ここで大阪松竹楽劇団の歴史にも触れることで、松竹歌劇団史への理解も深めたいと思う。

大阪松竹楽劇部（以下、楽劇部）は一九二二（大正一一）年四月、松竹の社長であった白井松次郎を中心に声楽家・原田潤、舞踊家の楳茂都陸平らによって創立されたのが松竹楽劇部の発端である。大阪の天下茶屋にあった松竹合名社分室に「松竹楽劇部生徒養成所」（養成所所長・玉木長之輔）を開設したのを皮切りに、創設スタッフとして作曲家の松本四良、舞踊家・青山圭男、松竹合名社文芸部から食満南北、大西利夫、国枝俊文、事務職員として日比繁次郎、青木量太郎らが集まって、オーケストラのほか夏までに三十数名の女生徒が入団。そしていくつかの公演を経て、一九二三（大正一二）年五月に開場した映画館・道頓堀松竹座において第一回公演『アルルの女』を上演した。

このように始まった楽劇部の歴史であるが、一九二三（大正一二）年九月に東京で関東大震災が発生し、文化の中心が一時的に関西に移行したタイミングとバッティングしたことから、モダン大阪を象徴する芸能文化の一翼を担うことになる。

そして早速スターが生まれ、松竹レビューのスター第一号として後輩たちの憧憬の的となったのが飛鳥明子であった。

飛鳥明子は一九〇七（明治四〇）年大阪出身、ロシアのバレエダンサーであるエリアナ・パブロワ、楳茂都陸平らより教えを受け、歌舞伎俳優の六代目・尾上菊五郎をして「天才舞踊家」と言わしめたほどの才能の持ち主であったといわれる。

水の江瀧子が初舞台を踏んだ『奉祝行列』でもセンターを張っていたのは飛鳥で、水の江は後年まで尊敬する人物として飛鳥明子の名を挙げ続けている。水の江が飛鳥に対してどんな思いを抱いていたのか、西岡浩が書いた文章が残されているので、ここに紹介したい。

（一九三〇年の東京劇場公演の時）初日から一週間ほど経った或る日、東劇の近所に用事のあった彼女は珍しく朝早く出掛けたのですが（中略）するとどうでせう。誰もゐないと思った舞台の方からステップの音が聞こえて来るのです。誰だらう？ こんなに早くから…と急いで行ってみると、そこには思いがけなくも大阪のスタア飛鳥明子がたった一人でぐっしょりと汗に濡れながらお稽古をしてゐました。水の江はそれを見て何だかゾクッと身がひきしまったやうな気持ちになりました。やがて一節済んで、タオルをとりに来た飛鳥に彼女が一礼すると、飛鳥はニコニコと『ずゐ分早いのね』『飛鳥さんこそ。アノ、いつもこんなに早く来てお稽古ですの？』『えゝさう。私、毎日一時間づつ他の人より多く練習しないと、すぐ下手になっちゃうのよ』こういわれてズーンと熱くなりました。（『オペラファン』一五号）

column

このように「稽古至上主義」を身をもって示し、松竹レビューの象徴的存在として地位を築き、多くの人々に影響を与えた。しかし、桃色争議の際に大阪組争議委員長となり、その終結とともに責任をとって楽劇部を退団。以後は新しく生まれ変わった大阪松竹少女歌劇の振付師として関わり、新成立第一回公演『カイエ・ダムール』（一九三四年）で振付を担当している。しかし喉頭結核を患い、一九三七（昭和一二）年八月一五日、二十九歳という若さで惜しまれつつこの世を去る。

飛鳥がセンターであった時代、一九二七（昭和二）年八月上演の『日本八景おどり』で初舞台を踏んだのが三笠静子（のちに笠置シズ子→シヅ子）であった。三笠は小柄であったため当初は伸び悩んでいたが、一九三三（昭和八）年の桃色争議以降に本格的な脚光を浴びるようになった生徒。一九三四（昭和九）年の大阪劇場第一回公演『カイエ・ダムール』（オペラ『売られた花嫁』を改作した作品）では主題歌『戀のステップ』をレコーディングし、パンフレットの表紙も飾っている。これをきっかけに、それまで不在であった大阪松竹の歌手枠として絶対的な地位を獲得した。当時の雑誌には、

彼女はこのレヴュウ團唯一と云つて良い歌手である。一寸、形容のつかない妙な魅力を持つたトーチ・シンガアである。歌ひ方が個性的な處が良い。ブルースを歌はせると、うすらな哀愁を舞臺に漂はせて雰囲氣を紫色に彩る。（『舞踊新潮』一九三六年五月号）

と書かれており、当初はホットなジャズナンバーではなく、ブルースを得意としていたことが面白い。

column

このように、大阪松竹での人気を不動のものとした笠置シズ子は、芦原千津子、アーサー美鈴、柏ハルヱ、秋月恵美子らとともに、大阪松竹の全盛時代を築き上げている。

本編に記した通り、大阪松竹の東京公演はたびたび行われているが、一九三七（昭和一二）年一〇月には、開場間もない国際劇場において単独公演『国際大阪おどり』（十二景）を上演。五景「スヰング・リズム」、九景「しろがね」、十二景「輝く艦隊」で笠置は華やかなパフォーマンスを行った。

そして、この公演の際に下級生として参加していたのが、後にグランプリ女優と称される京マチ子であったことも忘れてはいけない。京マチ子は一九三六（昭和一一）年『ハッピー・フェロー』で初舞台を踏み、一九三八（昭和一三）年の松竹楽劇団公演にも参加した注目の新人であったが、折しも戦争中であったため活躍の場が狭められてしまったといえる。しかし、歌劇団在団中の一九四四（昭和一九）年には、抜擢されて松竹映画『天狗倒し』（井上金太郎・監督）などに出演。戦後は新人娘役として脚光を浴び、日劇への出演をきっかけにして映画女優として大成していったことは周知の通りである。

大阪松竹楽劇部における最大のスター・飛鳥明子。（飛鳥明子旧蔵アルバム）

第二章
東京名物となった松竹楽劇部

若さ溢れるレビューの青春

第二回『東京踊り』『奪われしわが愛しの妻よ』の公演の盛り上がりが冷めやらぬ同年五月には三回目となった東京劇場における東西松竹歌劇団の合同公演『松竹大レヴュウ』の幕が開いた。プログラムは喜劇『ドロ100パーセント』東京組（四景）、ナンセンスショウ『娘商売往来』大阪組（八景）、レビュー『緑の帝都』東京組（七景）、レビュー『春のおどり　八つの寶玉』（八景）で、当時の新聞では、

大阪方は東京方に比べて断然光つてゐるのが判る、東京はもつと奮發をしなくてはいけない、せめて飛鳥明子の片腕位の所を一人位はほしいものである。（『読売新聞』一九三一年五月一二日）

と評されているが、『緑の帝都』は初期松竹楽劇部の作品のなかでも傑作のひとつとして挙げられる作品である。この『緑の帝都』は当時東京市内にあった区が十五区だったことから、プロローグではミス麹町＝三田早苗、ミス本郷＝水久保澄子、ミス牛込＝大和しま子、ミス日本橋＝津阪織枝、ミス下谷＝須田俊子、ミス小石川＝河村久美子、ミス神田＝夢路晶子、ミス深川＝千鳥浪子、ミス麻布＝富士峯子、ミス芝＝金杉玲子、ミス京橋＝春木彌生、ミス四谷＝清州すみ子、ミス本所＝初音静、ミス浅草＝逢初夢子、ミス赤坂＝絵島絹子らが、それぞれの区の名所や名物を染め抜いた振袖で登場するという華やかさで、第六景で歌われた主題歌『緑の帝都』は淡谷のり子の歌唱によってポリドールレコードから発売された。

同批評でも「「緑の帝都」七景だがこれはまず見れる、振付は花柳珠實、青山圭男、高田せい子、第六景の「ク

リーム」第七景の「グリーン」なぞそれぞれ面白い」と記されている。なお、この『松竹大レビュウ』を特集した機関誌『楽劇』（一九三一年五月号）の表紙では大阪の大スター飛鳥明子の写真の隣に水の江瀧子の写真も掲載されており、水の江が少しずつ頭角を現しはじめていたことを知ることができる。

浅草松竹座がレビュー劇場に

このように、松竹楽劇部において大きな話題が尽きない一九三一（昭和六）年だが、同年六月には本拠地である浅草松竹座がレビュー専用劇場となり、松竹楽劇部の独立公演が行われるようになった。この独立と同時に、その後も長く松竹歌劇団を支えることになる舞台美術の三林亮太郎、文芸部の安東英男が制作陣として加わっている。

「レヴュウ劇場　あさくさ松竹座」としての第一回公演プログラムは、楽劇『先生様はお人よし』（五景）、舞踊劇『娘道成寺』（一幕）、喜劇『羨み給ふ勿れ』（一幕）、レビュー『夏のおどり』（十七景）で、『娘道成寺』は松竹キネマのレジェンド女優であった川田芳子の出演、『羨み給ふ勿れ』は『婦人倶楽部』に掲載された中野実の小説を原作とした作品で、帝劇女優と新派俳優の出演であった。

楽劇『先生様はお人よし』は避暑地にある林間学校を舞台とした作品で、石河菊枝の女性教師と寮母さん女生徒という、女性ばかりの中に水の江瀧子が青年役を演じる喜劇であった。このとき、水の江は長い純白なパンツにスポーツジャケット、ベレー帽をかぶり大きなボールを抱えて登場。その爽やかな青年振りは今も伝説として語られるが、この作品によって水の江瀧子は男役として人気が爆発するとともに、男役として世間に認知されることとなった。

この公演中である六月一二日午後八時五〇分からはＪＯＡＫ放送局（現在のＮＨＫ東京放送局）において『先生様はお人よし』で初めてのラジオ出演が行われたことも書き添えておきたい。

そして同じプログラム内で公演された『夏のおどり』はこれも十七景という当時としては大がかりな作品で、この頃になるとすでに十期生まで初舞台を踏んでいたことから在団生徒数は増加し、出演者総数百四十余人という華やかなものであった。長崎を舞台にした第七景の「ランタン」では津阪織枝が主人公の花魁役で登場しており、津阪織枝が目立った早い時期の作品であろう。当時の資料を見る限りでは第一回とは記載されていないが、結果的にこれが第一回の『夏のおどり』となった。

独立第二回公演では、過去の上演作『サーバント・クラブ』の改編作である『海』（一幕）、川田芳子の舞踊劇『藪入り娘』、新派俳優の中に楽劇部の富士雪枝のみが特別出演した『カフェー春宵曲』と『夏のおどり』が続演として公演されたが、独立第三回公演で楽劇『牛若丸』、喜劇『もうすもうす』、舞踊『鷺娘』とともに上演されたレビュー『メリー・ゴーランド』（十五景）が大好評を呼び、初期松竹レビューを代表するヒット作となったのである。主役の花嫁メリーは吉川秀子、花婿ゴーランド役は水の江瀧子が演じたほか、アクロバットダンサーの吉田晃が特別出演するというものであった。

それまで水の江はセリフの少ない役を演じていたが、上演時間が一時間ほどあったこの作品はセリフ数が多く、それまでと違った苦労があったことだろう。当時の新聞評によると、
浅草松竹座がレヴュウ常打となつた披露公演『夏のおどり』は相當の業績を擧げ得たらしい。今度の第二回公演はそろそろその實力に訴へねばならぬ大事な所である、結果から先に云ふと、今度の公演は八分通り

の成功である。呼び物のレヴュウは『メリゴランド』十五景だが、一貫した物語を持つてゐる。これは松竹樂劇部が未だ曾て試みた事のない新手で、かなりな冒険だつた。（『読売新聞』一九三一年七月八日）

また西岡浩「ＳＫＤものがたり」にも、

『メリー・ゴーランド』で樂劇部として始めての筋をもつた大レヴュウでもあり、のちのオペレッタ・レヴュウ全盛の基礎を形づけたものであるともいうことができます。

とあり、この公演は一か月の続演のほか、初めての地方巡業となった北海道公演（札幌、小樽、函館など）ではこの『メリー・ゴーランド』を持って行われるほどであった。

この作品の八景に原野を背景にテントを張って水の江と吉川の新婚旅行の様子を描いた「キャンプ・ファイア」の場面があり、そこで「熊が出たぞ！」と蔭で叫ぶセリフがあった。しかし蔭で叫ぶ役目の生徒が急病のため、青年Ａ役が四人いるうちのひとりとして舞台袖に待機していた津阪織枝が代役で「熊が出たぞ！」と叫ぶことになった。それまでセリフのある役が付かなかった津阪であったが、本来の演者の急病と、その場にいた偶然から代演としてセリフを発する幸運に恵まれたのであった。

オリエは当時のことを「私はいつまでも鼓動がして、熊がデタゾーの反響が耳について離れません。翌日から、この怒號は私の役となり、小樽、函館とどなり廻りました」（『ルンバの嘆き』）と書き残している。

そして北海道からの帰京公演として行われた『凱旋門』では、主役で二役を演じたのは水の江瀧子であったが、それまで群舞の一人にすぎなかった津阪織枝がアンドレーというセリフのある役を配役されたのであった。この

『凱旋門』は後のオリエ津阪の出世作となり、以後、水の江瀧子に次ぐ男役としての道を歩みはじめることになる。

さらに一九三一(昭和六)年における特筆すべき公演は、なんといっても一一月に新宿の新歌舞伎座で行われた松組『萬華鏡』(十五景)だろう。この作品で水の江はカウボーイの親分役を演じ、「俺は、ミズノーエ・ターキーだ」と大見得を切ったのをきっかけに、以後水の江は「ターキー」の愛称で親しまれるようになった。

一方、浅草松竹座で公演の竹組による大レビュー『秋のおどり』(十二景)は、以後長く公演される『秋の踊り』の第一回目の公演となる作品であった。

補足とはなるが、この年八月には初めて「幹部制度」が設けられ、松竹歌劇団史ではじめて幹部に昇進した記念すべき生徒は、

【松組】水の江瀧子、吉川秀子、石上都、小野小夜子、大伴まち子、末廣好子
【竹組】小倉みね子、園池緑、久米雅子、草香田鶴子、千川輝美、石河菊枝

という面々であった。

男装の麗人・水の江瀧子の人気沸騰

それまで大阪組の舞台に花を添える程度でしかなかった東京組であったが、一九三〇(昭和五)年に上演された『松竹オンパレード』の司会役として水の江瀧子が抜擢されたことが大きな転機となったことは前述のとおり

水の江瀧子とともにレビュー黄金期を築いたオリエ津阪。（筆者蔵）

である。水の江はそれまでのオカッパ頭をショートカットにし、シルクハットの燕尾服という颯爽とした舞台姿が多くの人々の目に留まることになる。これをきっかけとして、一九三一（昭和六）年『先生様はお人好し』の青年役という大役に続き、同年一一月に新宿の新歌舞伎座で行われた『萬華鏡』ではカウボーイ役を演じ、この中のセリフ「俺は、ミズノーエ・ターキーだ」から、以後「ターキー」の愛称で多くのファンから愛される存在となって、レビュー史上最高の男役として以後二十年以上の永きに渡ってスター街道を邁進していく。

これらの公演が行われた年に、ファンクラブ「水の江会」が設立。会報誌である『水の江会パンフレット』が刊行されると、個人雑誌にも関わらず当時の日本における代表的なレビュー雑誌として充実した内容をみせた。この『水の江会パンフレット』は後に誌名を『タアキイ』と変更することになるが、執筆陣には詩人の西條八十、音楽評論家の堀内敬三、塩入亀輔をはじめ、レビュー評論家・蘆原英了、映画評論家・野口久光などが名を連ねており、毎号レビューやターキーの舞台に対する評論や議論が掲載された。当時の評論家たちが挙ってターキーの舞台に注目していたことが分かる。

喜劇俳優であり手厳しい評論家の一面もあった古川緑波は、松竹レビュー屈指の傑作といわれる『わすれな草』を観劇した感想を、

> 松竹少女歌劇の「忘れな草」を見物して、何よりも驚いたのは、それが千秋樂の日だつたせいもあらうが、ターキーに對する客席の熱狂振りだ。未だ曾て僕は、舞臺に立つ人に向かつて、あれだけの拍手と歡聲をきいたことがない。いや、いゝものを見物した。

と、『舞踊評論』（一九三六年九月号）に記している。

『萬華鏡』(1931年)での水の江瀧子。
この公演時から「ターキー」の愛称がうまれた。(筆者蔵)

『べら・ふらんか』(1932年)の一場面より。初音静、都もみじ、松川和子、川上きよし、青葉照子、町田みよ子、楠見あきら、小梅歌子。(筆者蔵)

当時の多くの雑誌記事などから、いかに多くの観客がターキーを観るためだけに劇場に足を運んでいたかが分かる。そのため、ターキーが休演すると観客数は大幅に減ったとされる。

初期の水の江の当たり役として、『べら・ふらんか』アドルフ、『らヴ・ぱれいど』アルフレッド・レナード伯爵、『真夏の夜の夢』ライサンダー、『青い鳥』チルチルなどが挙げられるだろう。

それぞれの公演における水の江の活躍ぶりについては、本書において追々紹介していくことになる。

レビュー映画への出演

一九二〇年代から一九三〇年代にかけての映画のトーキー化とともに、ハリウッドではレビュー映画の全盛時代が訪れた。『KING OF JAZZ』、『RIO RITA』、『The Hollywood Revue of 1929』、『The Broadway Melody』など、日本でも数多くのレビュー映画が公開されて、洋画ファンやレビューファンの心を踊らせた。

そのような時代の影響を受けて、松竹キネマでもレ

贅を尽くした『らぅ゙・ぱれいど』(1932年)の舞台。中央が水の江瀧子。(筆者蔵)

ビューシーンを取り入れた作品を製作するようになった。

当時の松竹キネマは東京蒲田に撮影所があった頃で、おりしもサイレント映画の華やかなりし時代であった。それまでの川田芳子、栗島すみ子の時代から次世代スターとして田中絹代、川崎弘子が脚光を浴び、男優としては鈴木伝明、岡田時彦、高田稔などの二枚目俳優たちがスクリーンを彩っていた。それに加え一九三一(昭和六)年には日本初のトーキー映画『マダムと女房』が公開されて、映画人気に拍車をかけていた。

それまでに大阪松竹楽劇部では岡田時彦が出演した『地獄のドンファン』、上山草人出演『愛よ人類と共にあれ』など、映画俳優を登場させたレビューを上演してきたが、

映畫俳優を舞臺に出すことは畑違ひの爲に氣の毒な結果を招く様になるので斷然レヴイユ映畫や俳優の舞臺に於けるレヴイユは實演と共にピツタリ止めて仕舞つた。恐らく今後たりともやらないだらうと思ふ。(『大松竹』一九三一年五月号)

とあり、サイレント映画のためにセリフまわしに対してシビアではなかった映画俳優たちにとって、大きな舞台でセリフを言いながら動くことは難しかったのかもしれない。そこで逆に松竹楽劇部の生徒が映画に出演する試みが行われるのは当然の流れだったともいえる。

レビュー映画とされる作品はそれまでにもあったが、松竹楽劇部の生徒がレビューシーンで出演する映画として記録に残っているところでは『モダン籠の鳥』（斎藤寅次郎・監督）、『微笑む人生』（五所平之助・監督）、『銀河』（清水宏・監督）、『夜ひらく』（五所平之助・監督）、『あら！その瞬間よ』（斎藤寅次郎・監督）などが、当時の雑誌から確認できる。

しかし、これらの映画は第二次世界大戦を挟んだことで散逸・消滅してしまい、現在では観ることができない。

一九三二（昭和七）年になると松竹楽劇部の活躍はより目まぐるしくなって、部員も十一期生まで入部し急激に増加。なお十一期生の三浦たま子は後に俳優の堺駿二と結婚しており、子息にタレントの堺正章がいることは周知の通りである。なお、堺正章の姉も戦後十四期生として松竹音楽舞踊学校で学んだ生徒であった。

数年前まで映画のアトラクションとして大阪組の助演をしていたのが嘘のような飛躍振りといえる。また、松竹歌劇史上には数々のユニットが存在するが、その最も古い例として大塚君代、渋谷正代、草間光子、青葉照子、駿河春枝、京町みち代、市村菊子、水久保澄子の優秀な若手八人を「ジェルモン・シスターズ」として売り出したのも、この頃のことであった。

一月から浅草松竹座において楽劇『陽気な水兵』（七景）、楽劇『娘十八乱痴気騒ぎ』（七景）、大レビュー『踊る初春』（十二景）等と派手な公演を行っているが、『踊る初春』の九景「寒月」では水の江瀧子が「金色夜叉」の貫一を演じている。お宮を演じたのは同じ一期生の小野小夜子である。小野は一九一六（大正五）年東京深川出身、実家は料理屋「今光」で幼いころから日本舞踊を習得し、一期生のなかでも最若手のひとりで娘役として地位を築き上げていく。派手さはないが穏やかな役どころを得意として長く歌劇団に在団し、映画監督の原研吉と結婚のために退団した生徒であった。

劇団が大きくなるにつれて劇団内から「スター」が続々と誕生したのも、それまでの楽劇部から大きく変化した部分であろう。『松竹七十年史』によれば、一九三二（昭和七）年に津阪織枝、西條エリ子が幹部に、長門美千代、富士雪枝が準幹部に昇進している。

初めて戦争を題材にした作品『世界に告ぐ』

三月には松組・竹組の合同公演として楽劇『撮影所評判記』、楽劇『エロチック艦隊出動』（五景）、大レビュー『忠臣蔵』（十一段）、戦争レビュー『世界に告ぐ』が上演されているが、ほかにも興味深いタイトルが並んでいる。『エロチック艦隊出動』は当時のエロ・グロ・ナンセンス時代といわれた世相からヒントを得たものと思われ、また歌舞伎の演目である『忠臣蔵』をレビュー化した意欲的な作品である。そして、戦争レビュー『世界に告ぐ』は前年の満州事変や同年一月に勃発した第一次上海事変がきっかけとなって制作されたもので、水の江瀧子が親日の中国青年、小倉みね子が日本娘を演じたものであった。以後一九四五（昭和二〇）年まで戦争の泥沼化とともに世相を反映させた時局向きレビューが制作されていくが、戦争をテーマとしてはレビューでは最初の作品となった。

四月には浅草松竹座で史劇レヴュウ『白虎隊』、先月上演したものを再編集した戦争レヴュウ『世界に告ぐ』（九景）で、当時のうたい文句には「大和魂の精華肉弾三勇士、古賀聯隊の遭難等新編輯抜適新進の熱舞臺に依る戦爭レヴュウの續演」とあり、前作よりも戦時色を反映させた作品となった様子がうかがえるが、一九三三（昭和八）年に朝日新聞社から刊行された『映画と演藝臨時増刊 レヴュウ號』の解説には「勇ましい戰爭レヴュウでありながら、この支那大官邸のエロ・ダンスがウケて、以後このダンスの手が方々のレヴュウで用ひられるやうになつた」とある。

そして『読売新聞』に連載された小説を舞台化した『細君解放記』（十五景）、そして第三回『東京踊り』（十景）という四番組であった。それまでは『東京おどり』と平仮名表記であったが第三回公演から『東京踊り』と表記されるようになり、第七景では男役として認知された水の江瀧子が少女フランス人形に扮して小倉みね子とともに登場。当時の様子は、

> 花を撒きながら、つばの廣い帽子、長い裳をフンワリかゝへて、心ゆくまで歌ひました。おゝ久しぶりの女役！あたしの女装、まんざら捨てたものでもないワ、つて、シャナシャナしていたら、女のファンの方から「ターキーの女装絶對反對」の決議をされて。（『白銀のダリア』）

と記されていて微笑ましい。この七景で水の江と小倉が歌った『ラッキー・セブンの唄』（菊田一夫・作詞、塩尻精八・作曲）はコロムビアレコードよりレコード化されて、軽快なメロディと歌詞は一般にも歌われたという。レコードを録音した歌手の柳井はるみは、後に『マロニエの木蔭』『喫茶店の片隅で』などのヒットを放つ松島詩子の前名である。なお松島は一九三四（昭和九）年に大阪組で上演の第九回『春のおどり』に梅園龍子、ベティ稲田とともにゲスト出演しており、歌劇にゆかりのある歌手でもあった。

そして五月二八日から五日間、歌舞伎座において流行歌レヴュウ『明治から昭和』（十九景）、ドラマレヴュウ『キャバレーの花』（三景）、構成的レヴュウ『ソル・エ・ソンブラ』、グランドレビュウ『べら・ふらんか』（十二景）が上演されているが、この公演が話題性も含めて松竹楽劇部の評判を高め、日本を代表する押しも押されもせぬ

レビュー団となるきっかけとなった作品であった。

なかでも『キャバレーの花』は、津阪織枝、西條エリ子が演じるキャバレーダンサーをめぐる作品で、新進映画俳優であった瀧口新太郎や子役の市村美津子らによる助演作品であった。この作品は小品ではあるが、映画監督・小津安二郎と組んで多くの名作を世に送り出した脚本家・野田高梧の原作であった。

そしてグランドレヴュウ『べら・ふらんか』は、大きな宣伝のもとに公演が行われた作品であった。モーリス・シュバリエ主演の映画『陽気な中尉さん』をヒントにして作られた脚本を青山杉作が演出した作品で、主演のアドルフ中尉には人気に火が付き始めた水の江瀧子、フランカには小倉みね子が配役されている。ことに声楽陣に乏しかった松竹楽劇部が声楽陣充実のために、東洋音楽学校（現在の東京音楽大学）を首席で卒業したソプラノ・中村千代子を夢野里子の名でデビューさせる旨を新聞で事前告知。

一九三二（昭和七）年五月四日の『読売新聞』では「ようやく探した聲の女王　夢野里子」と顔写真入りで記事になっている。主題歌レコードも発売されて夢野里子は『リラの木蔭に』をレコーディング、今でも残されたレコードで夢野の歌を聴くことができるが、松竹歌劇史初期の主題歌のなかでも傑作といえる作品であろう。

このように夢野の入部は大きく宣伝され、また作品自体も注目されて公演が行われたが、なんと夢野は五日間だけの歌舞伎座公演を終えると、さっぱりと楽劇部を退部してしまったのである。楽劇部としては『べら・ふらんか』の後も、歌える夢野を積極的に起用した作品づくりを行う方針でいたため、大きな痛手となった。同年六月三日の『読売新聞』には「僅か五日で歌姫没落」と報道された。続いて同演目で浅草松竹座での本公演が行われたが、夢野のあとを埋めたのは、それまでも楽劇部の歌手として嘱望されていた高輪芳子であった。高輪は今回の公演をきっかけに準幹部に昇進、しかし同年九月に楽劇部を退部しムーランルージュ新宿座へと移籍した。これは補足となるが、その高輪芳子はムーランルージュ新宿座に移籍後、劇団に出入りしていた新進作家・中村進次郎と恋仲になり一九三二（昭和七）年一二月に心中事件を起こしてこの世を去っている。

そして七月にも再び歌舞伎座で公演が行われたが、この歌舞伎座公演の出し物のひとつであった『バグダッドの盗賊』（十四景）公演からは大阪組から天草みどりが東京へ移籍した。天草みどり（天草美登里）は一九一二（明治四五）年大阪出身、一九二八（昭和三）年に上演された「秩父宮殿下当座御台臨の光栄を偲びて」の仰々しい副題がついた御慶事記念『壽のおどり』で初舞台を踏む。当時のプログラムを確認すると天草緑と表記されており、第七景「連山」の山登り役が初役だったようだ。東京組に移籍後は大人の雰囲気を身にまとった踊り手の中心的存在として水の江瀧子の相手役もつとめることになる。

雑誌『楽劇』（一九三二年九月号）の冒頭部分には「七月末に歌舞伎座で公演したバグダッドの盗賊が豫想以上の好評を得たことを喜んで居ます」と、蒲生重右衛門は書いている。

歌手陣の強化

宝塚少女歌劇団と人気を二分し、日本を代表するレビュー団として日ごとに成長を遂げていた松竹楽劇部であったが、大きな課題だったのが歌手陣の不足であった。

「踊る松竹、歌う宝塚」と言われたように、宝塚は一九二七（昭和二）年に声楽専科を設け浦野まつほをはじめ、草笛美子、三浦時子、橘薫らが活躍し、声楽陣の育成に成功をしていた。その対抗策としてまず白羽の矢が立ったのが東洋音楽学校出身の夢野里子であったが、前述のように五日で突如として退団し大騒動を巻き起こした。

その直後から意地でもレビュー歌手を育成しようとする姿勢が新聞記事などから汲んでとれ、『べら・ふらんか』公演直後の一九三二（昭和七）年六月頃には声楽専科を新設するに至った。

そして『明治から昭和』で春野八重子、『バグダッドの盗賊』の公演からはムーランルージュ新宿座のプリマドンナであった小林千代子を迎え入れ、それに続いて江戸川蘭子、井草鈴子、彌生ひばりらの歌手陣が参加したことでレビューの舞台を派手に飾ることに成功していくことになる。

ここでそれぞれの経歴に触れると、小林千代子は東洋音楽学校卒業後、旗揚げされたばかりのムーランルージュ新宿座に参加しつつ、時を同じくしてビクターレコードの専属歌手としてレコード界でも活躍する、多彩なエンターテイナーであった。懐メロのスタンダードナンバーといえる『涙の渡り鳥』『旅のつばくろ』のヒット曲を放ち、戦後は小林伸江と改名してオペラ界に転身している。小林の松竹入りについては音楽評論家の堀内敬三、塩入亀輔の推薦があったとされる。

春野八重子は一九一二（明治四五）年愛知県名古屋市出身。川上児童楽劇団に入団していた経験を持つ生徒であった。川上児童楽劇団とは女優の開祖・川上貞奴が一九二四（大正一三）年に開設した劇団で、一流の教師陣が勢ぞろいしており、ここでは山田耕筰について童謡とピアノを学んだという。一九三一（昭和六）年には日本劇場少女歌劇団の一期生として学ぶも翌年には解散、そのタイミングで松竹楽劇部へ入部することとなった。なお、この日本劇場少女歌劇団は有楽町・日本劇場専属として生徒育成が行われたもので、数年後に結成される日劇ダンシングチームとは別物である。なお、この日本劇場少女歌劇団からは春野のほかに後述の江戸川蘭子、対馬洋子、楠見あきらが松竹楽劇部へ転入している。

江戸川蘭子は一九一三（大正二）年東京出身。東京府立第六高等女学校卒業後、春野八重子らとともに日本劇場少女歌劇団に学ぶも間もなく解散。そのまま松竹楽劇部に入部し、小林千代子とともに派手なルックスでプリマドンナとしての地位を築くことになる。後述する『タンゴ・ローザ』の主題歌をレコーディングしたことで、松竹歌劇史に残る屈指の歌姫になった。

井草鈴子は一九一二（明治四五）年東京小石川出身。アルト歌手の四家文子門下として声楽を学んで松竹楽劇部に入部。以上に挙げた生徒より入団は少し遅れるが、光川珠江は根本美津子の名でビクターレコード、ニットーレコードで流行歌や抒情歌を数多くレコーディングした経験を持つ歌手で、松竹に入団するに当たって改名を行い、レビュー主題歌のレコードをいくつも残している。

彌生ひばりは一九一四（大正三）年東京牛込出身、当初は小谷サユリの名でムーランルージュ新宿座の舞台に立っていたが、間もなく松竹楽劇部に移籍。透き通るような美声でファンを魅了したが一九三五（昭和一〇）年に惜しくもこの世を去った。

このように優秀で若さにあふれた経験者を集め声楽専科を充実させることで、主題歌レコードが積極的に制作・販売されるようになる。それまではコロムビアレコード、ビクターレコード、ポリドールレコード、キングレコードと各社からレコードが発売されていたが、この頃から松竹楽劇部・松竹少女歌劇のレコードはコロムビアから発売されるようになる。そして、一般庶民への娯楽の拡大や蓄音機の普及も重なったことで、レコード界でもレビュー歌手の活躍ぶりが世間に広まったことは、松竹楽劇部の評判を高めるために大きく作用したことだろう。

とにかく豪華に作られたステージ

歌手陣の強化が着実に行われつつあった同年一〇月には東京劇場において大東京完成記念レヴュウ『大東京』（十景）、グランド・レヴュウ『らゔ・ぱれいど』（二十二景）の公演が行われた。この公演に際して松竹楽劇部の蒲生重右衛門部長は「衣裳、舞台等の経済観念は捨てゝ本年度最高最大の舞台を実現するように」（『松竹七十年史』）と督励。時期を同じくして東上し、新橋演舞場で公演を行う宝塚少女歌劇団のレヴュウ『ブーケ・ダムール』を迎えうつ準備は万端であった。

『大東京』は東京が三十五区となったことを記念したレビューで『報知新聞』で脚本の懸賞募集が行われた。そして新たに声楽陣として入部した彌生ひばりが登場。彌生もムーランルージュ新宿座に出演していた舞台経験者で、キングレコードから主題歌が発売され『ララ東京』は彌生がレコーディングを行っている（片面の『大東京の歌』は羽衣歌子の歌唱）。また、この年に入部した十二期生は日暮里子、業平澄枝、八重洲京子、豊島園子、銀座環、日比谷美子、築地まゆみ、大東京子（のちの竹内京子）などなど、全員ではないが東京の地名をヒントにした芸名が付けられている。

そして大きな期待のうえに公演が行われた『らゞ・ぱれいど』はモーリス・シュバリエ主演の映画『ラブ・パレード』の筋をほぼ変えず脚本に反映させたもので、主演のアルフレッド・レナードは水の江瀧子、相手役の女王ルイズは吉川秀子という配役。当時の舞台写真を見ると、それまでの作品とは比較にならない派手で豪華な衣裳が用意された。

音楽評論家・伊庭孝は、

松竹も、今度の東劇の「ラヴパレード」には、衣裳に五萬圓もかけたさうだ。それだから、東劇が割れるほど大入りでも、とても採算出來るわけはない。然し是れも寶塚との張り合ひで騎虎の勢ひであるから、欠損もまた止むを得ない事であらう。（『伊庭孝遺稿集　雨安居荘雜筆』）

と松竹が衣裳代に巨額を投じていたことを記している。

派手な衣裳に身を包んだ十七歳の水の江瀧子の男装ぶりは瑞々しく美しくて、どれだけの観客を魅了したか想像するだけでも楽しい。ビクターレコードより『らぢ・ぱれいど／御冗談でせう奥さん』（小林千代子・歌唱）のカップリングで主題歌レコードが発売されている。

この公演が大成功をおさめたことでレビュー黄金期を築き上げ、それまでの松竹楽劇部という名称から松竹少女歌劇部（通称・SSK）と改称し、茶褐色斜縞の制服が制定された。その大きな理由として「松竹楽劇部から、松竹少女歌劇部に脱皮した昭和七年は、宝塚歌劇に正面から対立意識を発揮しようとする松竹歌劇の挑戦の第一歩であった」（『松竹七十年史』）とある。

このように心新たに出発した松竹少女歌劇であるが、同年一〇月末からは東京劇場で好評を博したレヴュウ『大東京』を、第二回『秋の踊り 大東京』として浅草松竹座で上演。そして松竹少女歌劇初のオペレッタ『ポンポン・ルージュ』も同時公演して、演目の幅を広げていくようになる。

また同年一一月〜一二月の公演で目に留まるものとしては、一一月に浅草松竹座で行われた歌舞伎オペレッタ『勧進帳』（一幕）、一二月のページェント『青い鳥』（二部十五場）であろう。『勧進帳』が歌舞伎で親しまれた演目であることはいまさら説明はいらないが、ここでは歌舞伎をオペレッタ化するという試みであった。また『青い鳥』（モーリス・メーテルリンク・原作）は後年まで何度か再演されているが、その初演がこのときに行われたものであった。

この『青い鳥』の主題歌は一般公募が行われて、集まった八千二百八十二作品のなかから選出されたもので、彌生ひばりの歌によってレコード化されている。

松竹としても力を入れた作品であったが、チルチルを演じた水の江瀧子が公演中に体調を壊したため聖路加病院に入院したとされ、熱海芳枝によって代演された。なお、中山千夏が著した『タアキイ』のなかで、水の江は体調を壊したのではなく会社的な別の事情で休演したのではと疑問を投げかけている。

ライバル宝塚少女歌劇団

大阪松竹楽劇部の助演からはじまった松竹歌劇団の歴史であるが、創設から数年後には一九一四（大正三）年に創設された歴史ある宝塚少女歌劇団と肩を並べるまでになった。

ライバルとなった一九三〇年代初頭の宝塚少女歌劇団は、どのような様子だったのか、対比のためにもここで少し触れてみたい。

宝塚では一九二七（昭和二）年に日本初のレビュー『モン・パリ』（岸田辰彌・作）を上演し、レビューの歴史の先鞭を切っていた。この『モン・パリ』主題歌は関西方面にとどまらず、公演を観ていない人々にも知られるヒット曲となり、続いて一九三〇（昭和五）年に上演されたレビュー『パリゼット』（白井鐵造・作）では宝塚の愛唱歌となった『すみれの花咲く頃』が創唱された。

また、それまでの男役は長髪をシルクハットの中に隠して舞台を踏んでいたが、宝塚で髪を短くして舞台を踏んだ嚆矢は門田芦子であったという。後年、断髪にした際の思い出を

あんな男刈りするつもりはなかった。パーマネントをかけてもチリチリ毛を伸すようにできると思ってたの、床屋さんもわたしも、、。それがアベパ殿下になっちゃって。（笑）それでとうとう、あんな男刈りに

刈上げちゃった。（『婦人公論』一九六四年二月号）

と回想しており、一九三二（昭和七）年『ブーケ・ダムール』の際に「男刈り」にしたとされている。

当時の男役には天津乙女、奈良美也子、巽寿美子、そして娘役には紅千鶴、草笛美子などがいたが、それらの大スターたちに代わって次世代スターとして登場したのが小夜福子と葦原邦子であった。この二人の男役の登場によって小夜・葦原時代が築き上げられ、そして春日野八千代、佐保美代子、宇治川朝子、楠かほるらの男役も脚光を浴びることで戦前のレビュー黄金期を迎えることになる。

新橋演舞場、東京劇場でのレビュー合戦はお互いを切磋琢磨させ、東京宝塚劇場での公演がはじまってからはより激しいものとなった。当時のレビュー合戦について触れられた対談記事が残されており、

蘆原　（前略）松竹でやっていたときに、今度宝塚を褒めるか松竹を褒めるか、新聞批判を眼の皿のように待っていた。松竹が褒められたときは、四斗樽を買って、喜んでみんなで抜いたそうです。いまは新聞評なんて読んだことないって言ってましたよ。あのときはムキだった。

葦原　わたしが演舞場に出たときに、東劇で松竹がやっていて、どちらが先に満員御礼の幟が出るかというのを、下足のおじさんまでウロウロ気にして、こっちら先に出ると、ほらざまァみろという調子。

轟　喧嘩になっちゃうんだから、すぐ論争して。（中略）

葦原　ターキーさんに対しては対抗意識はなかったわね。

小夜　わたしらの対抗じゃなくて、お客さんが騒ぐのよ。

葦原　ターキーさんのほうも『憂愁夫人』を見た、あれよかったわ、と言っていらっしゃったもの。

蘆原　当時は松竹が歌舞伎座で『ベラフランカ』というのをやったのです。あのときは宝塚をはるかに抜いていた。この抜いたり抜かれたりで活気が出た。

と、このように一九六四（昭和三九）年二月号の『婦人公論』に掲載された座談会「懐しの宝塚花の文化史」で、評論家の蘆原英了、葦原邦子、轟夕起子が回想している。

しかしレビューづくりを行っていた人材は限られており、以後長きにわたって松竹、宝塚、日劇ダンシングチームなどは共通の人材（演出、振付など）によって舞台づくりがなされ、各劇団の生徒・団員が移籍する例もまったく珍しいことではなかった。例えば戦前宝塚のプリマバレリーナ的存在であった玉津真砂は大阪松竹楽劇部の舞台に立ったのち宝塚少女歌劇団へ移籍した人物である。

ファンクラブのこと

一九三一（昭和六）年に「楽劇部後援会」が発足しているが、戦前に最も大きなファンクラブとして広く知られたのは水の江瀧子のファンクラブ「水の江会」だろう。水の江会は一九三一（昭和六）年に発足、翌年には機関誌『水ノ江会パンフレット』が刊行されるようになり、創刊当時の号を確認してみると会員券の発行、プロマイドの頒布、パンフレットの定期刊行、茶話会、鑑賞会を行うことが記載されている。誌面をみても、まだ水の江はオカッパ頭で「ターキー」の愛称は生まれていないことがわかる。

一九三二（昭和七）年二月七日に日比谷レインボーグリルにおいて第一回水の江会茶話会が開催されているが、このときには約百人の参加があったようで、以後、着実に水の江会は会員数を増やし続けていく。

当初、六ページの冊子だった『水の江会パンフレット』は後に月刊誌『タアキイ』となり、寄稿者陣も塩入亀輔、蘆原英了、野口久光、佐藤邦夫ら評論家のほか、当時の文化人や芸能関係者から記事やコメントが寄せられ、水の江の情報のみならず、当時の松竹少女歌劇はおろか、レビュー界を知るための貴重な資料となっていった。

また『タアキイ』誌面の広告をランダムに見てみただけで、化粧品のマスター、日産自動車株式会社

column

のダットサン、アサヒビール、三ツ矢サイダー、明治製菓、丹頂チック、トンボ鉛筆、ヒゲタ醤油、ハンドバッグのとりゐ屋などなど……。現在でも一般的に知られている企業広告の顔を水の江がつとめており、どれだけの人気を誇っていたのか想像を絶するものがある。全盛期の水の江会会員数は二万人を擁したとも言い伝えられている。なお、『日本評論』（一九三六年九月号）に掲載された「ターキー打診」（式場隆三郎・著）によると、水の江個人は「ターキー」と称し、月刊誌として記載するときは、「タアキイ」とすることが記されている。

機関誌『楽劇』一九三二（昭和七）年六月号によれば、水の江瀧子後援会（水の江会と同一会かは不明）が設立されたのをきっかけに、小野小夜子、大塚君代、西條エリ子、都もみじ、小倉みね子、吉川秀子、市村菊子、熱海芳枝、京町みち代、川上きよし、石上都ら十二人の後援会が続々と設立されており、その後もスターが生まれるに伴って、公認・非公認問わず、多くの後援会が発足したことだろう。

しかし日本が戦争に向かって突き進む中、一九四〇（昭和一五）年四月には雑誌『タアキイ』は廃刊することとなった。その理由については「此の度、物資統制の國策に従ひ、今號限り癈刊することと決定致しました」と記載されている。これは『タアキイ』に限らず、例えば宝塚歌劇団の機関誌『歌劇』をはじめ、娯楽芸能雑誌の多くが戦争の影響を大きく受け一九四〇（昭和一五）年に廃刊の措置をとったことを書き加えておきたい。『タアキイ』は廃刊したものの水の江会は存続しており、戦後も『Tarky News』『ターキープログラム』『ターキーファン』『ターキーグラフ』などのファン冊子が刊行され続けているのもスーパースターの水の江ならではであろう。

水の江の相手役だった小倉みね子は著書の中で後援会、後援者との思い出を多く書き残しており、水の江に次ぐスターであるオリエ津阪や熱海芳枝も後援会誌が刊行されており、ほかにも個人雑誌が刊行された生徒はたくさんいたことだろうが規模は小さくなっていく。なお、川路龍子の後援会機関誌『龍』は一九五一（昭和二六）年に創刊されている。

戦時中から終戦直後のファンクラブや後援会活動については資料が乏しく、具体的にどのような活動が行われたかの記録は辿れないが、戦前のような華やかな会が開かれる機会は少なかっただろうと推測できる。しかし、どんな時代でもそれぞれにスターを慕うファンの熱量は強かったのではないだろうか。

戦後も落ち着きを見せる頃になると、後援会やファンクラブ活動が再び活発となり、一九五一（昭和二六）年には「松竹歌劇友の会」が発足。発足直後は八百人以上の会員数をかぞえたが、一九五二（昭和二七）年一一月には「各後援會を包括し、歌劇團、劇場三者一體となりＳＫＤのより以上の發展を期すべく本部を設立」ということで松竹歌劇後援会本部も発足された。なお、各幹部の後援会は支部という形で登録されている。各幹部の後援会といっても、それまであった後援会を取りまとめたもので、そこに記載されているのは川路龍子、曙ゆり、小月冴子、南條名美、上原町子、天野妙子、柏三七子、村雨小夜子、磯野千鳥、紅八千代、一條敬子、秋津嘉子、小柳久子、千草かほる、藤里まゆみ、吹雪美智子、島瑞枝、以上の後援会で、そこに友の会の連絡先が付け加えられている。それぞれには細かいファンクラブは存在したであろうが、松竹公認の後援会ということなのだろう。

この松竹歌劇後援会本部の設立に際して、機関紙『ＳＫＫだより』（創刊号の表紙は川路龍子）も刊行されており、後援会の予定や各スター次回公演の出演場面などが寄せられていて興味深い。また「ＳＫＤ短信」コーナーには『秋のおどり』でスタア着用の衣裳をファンにプレゼント」の見出しが出ており、

column

「抽籤方法は指定席の席番號により千秋樂の舞臺に於て抽籤當選者には來春上演の『歌舞伎おどり』の舞臺より出演スタアから親しく贈られることになった」とある。そこには川路龍子の燕尾服のほか、曙、小月、南條、上原、天野、柏の着用した衣裳が対象だったことが記載されている。毎公演、衣裳のプレゼントがあったわけではないだろうが、それでも衣裳がいかに豊富に取り揃えられていたかを偲ばせる当時のエピソードである。

水の江瀧子の後援会・水の江会の機関誌『タアキイ』（1938年7月号）。（筆者蔵）

第三章

松竹少女歌劇黄金時代の到来

華ひらくレビューの公演

一九三三（昭和八）年になると配役のダブルキャスト制が取り入れられたほか、一月に東京劇場で行われた公演のうち『サ・セ・プランタン』では松竹少女歌劇初の男装グループが編成されている。メンバーは南里枝、天草美登里、富士峯子、三田早苗、鶴田夏子、金杉玲子、三橋蓮子、河路龍子（のちの川路龍子）、一條桂子、田村淑子の十名で、この中に戦時中の男役大幹部となった南里枝と河路龍子が含まれているのが興味深い。また同時上演の『カルメン』ではカルメンを西條エリ子と吉川秀子、ホセを津阪織江、小倉みね子、ミカエラを小林千代子、彌生ひばりという配役で上演。一月一五日からは昨年暮れから入院していた水の江瀧子が舞台に復帰し、この月の公演は浅草松竹座がレビュー劇場になって以来、記録的な観客数を動員した。

三月には大阪松竹座で上演の松竹座十周年記念公演『第八回春のおどり　佛蘭西人形』（八景）には東京松竹少女歌劇の選抜メンバー約四十名が出演（水の江瀧子は『東京踊り』稽古などのため不出演）。「東京松竹少女歌劇」をうたった初めての関西公演で、プログラムを見る限り大阪組の出演はみられない。このとき大阪組が不出演だった理由は、一月に初めての大阪歌舞伎座公演『松竹大レビュー』に出演し、四月に大阪歌舞伎座における『第一回歌舞伎のおどり　春の花束』の公演をひかえていたためである。

この公演で特筆すべき点は、大阪を本拠地として公演を行っていた「河合ダンス」との合同公演であった点であろう。

河合ダンスは、大阪宗右衛門町でお茶屋・河合を経営していた河合幸七郎が一九二一（大正一〇）年一二月に結成したダンス劇団で、一九二三（大正一二）年から公演が開始された。所属した団員たちは半玉や芸妓たちであっため芸名は源氏名と同一で、菊彌、菊榮、時榮、せき子、二三子、よし子の名が公演プログラムから確認でき、全盛期の河合ダンスはおよそ三十人の団員を抱えていた。

普段はお座敷をつとめていたが、舞台の上ではバレエ、アクロバットダンス、タップダンス、軽演劇などに留まらず、シロホンやピアノ、サキソホンなどの器楽演奏まで多岐にわたり、昭和初期には大阪モダン文化のなかで広く知られたダンス劇団であった。なお河合ダンスはそれまでに何度も大阪松竹座には出演しており、団員にとっても観客にとっても馴染のある劇場・劇団だったといえる。

さらに東京組の歌唱指導として舞台に関わっていたオペラ出身のジャズ歌手・天野喜久代が三つの景で歌手出演するなど、大阪組と水の江瀧子不在の大阪松竹座における公演が失敗しないよう、あらゆる手を尽くした印象を受ける。

この河合ダンスとの合同公演は関西方面を巡演したのち、五月には帰京し帝国劇場においてレヴュウ『ふらんす人形』（八景）と公演名を変更して上演。内容に大きな変更はないようだが、二景、五景、七景のタイトルを変更。大阪で出演した天野喜久代は出演せず、五景「やなぎ」ではコロムビアレコードで売り出し中であった芸妓歌手・赤坂小梅が流行歌『ほんとうにそうなら』（久保田宵二・作詞、古賀政男・作曲）を歌うために出演している。

ほかにも二景ではフランス、フォーリー・ベルジェール劇場のレビュースターであったジョセフィン・ベーカーが歌い世界的ヒットとなった『二つの戀』（「J'ai deux amoures」）が歌われたほか、同じく二景で歌われた主題歌『戀の仏蘭西人形』は淡谷のり子、七景で歌われた『ネスパ・セ・ル・プランタン』は彌生ひばりのレコーディングによってレコード発売された。

以上のように選抜メンバーが関西～帝国劇場において公演を行っていた同年三月、東京劇場における本公演では楽劇『ミュージカル・ギャング』（三景）、オペレッタ『蝶々夫人の幻想』、そして第四回『東京踊り』（十四景）

を公演。二の替りでは楽劇『制服の処女』、楽劇『テラコヤ』、『東京踊り』。三の替りでは楽劇『第七天国』（菊谷栄・作）、舞踊劇『お夏清十郎』、『東京踊り』という演目であった。

楽劇『第七天国』はジャネット・ゲイナー主演の同作映画からヒントを得た作品で、作者はエノケン一座（ピエル・ブリヤント）の菊谷栄であった。なぜ菊谷栄が作者として関わっていたのかは、一九三二（昭和七）年からエノケン一座が松竹の専属となり浅草松竹座が公演の本拠地となっていたためであろう。一九三二（昭和七）～一九三八（昭和一三）年までエノケン一座は松竹座に出演し、松竹少女歌劇がほかの劇場へ出演している月にはエノケン一座が出演するという関係性であった。

菊谷はエノケン一座の名作『最後の伝令』の作者としても知られ、数々の傑作を世に送り出したが一九三七（昭和一二）年に軍隊に召集され、まもなく中国にて戦死するという生涯を送った人物である。なお、続いて五月に上演された楽劇『女学生日記』も菊谷の作品である。

しかし、『東京踊り』の稽古中であった三月二六日、舞台から出火。『タアキイ』（中山千夏）によれば「朝、ちょうど青山圭男が振付をしていたとき、舞台の提灯から出火して、広がり、青山は大声で生徒を客席に避難させた」とあり、大事には至らなかったが舞台道具の一部が焼失したため、東京劇場における公演は中止。そして三月三一日から浅草松竹座での公演を行うこととなった。

そして五月二七日から九日間、歌舞伎座において楽劇『女学生日記』（一幕）、バレエ『マンハッタン・マドネス』（九景）、グランド・ファンタジー『真夏の夜の夢』（三部二十三景）が上演されている。『マンハッタン・マドネス』はジャズ歌手・川畑文子が特別出演を行っている。川畑は一九一六（大正五）年ハワイ出身の日系人三世で、ダンサーとしてニューヨークで活躍していた一九三二（昭和七）年に来日。「歌はデートリッヒ、踊りはベーカー」のキャッチフレーズで売り出され、数々のジャズをレコードに録音したことで日本に本格的なジャズ時代を到来させた立役者でもあった。川畑文子は大阪組が大阪歌舞伎座で上演した『歌舞伎のおどり』に特別出演したばかりであった。

『真夏の夜の夢』公演

メインの『真夏の夜の夢』（シェークスピア・原作）はグランド・ファンタジーと銘打ったことに恥じず豪華絢爛な舞台づくりが行われ、

グランド・ファンタジー眞夏の夜の夢の公演は過去いづれの作品よりも巨額の費用と、多大の勞力を拂つてゐる點に於て、正に松竹少女歌劇が未曾有の豪壮篇と誇り得るものであります。（『楽劇』一九三三年六月号）

と蒲生重右衛門によって記されている。

この『真夏の夜の夢』公演について、松竹少女歌劇の舞台靴を担当していた銀座ヨシノヤの子息であり作家・矢代静一は著書『銀座生まれといたしましては』のなかで、

やがて、私は息をのんだ。目のさめるようなきらびやかな照明に照らされて、僕の銀色の半長靴が一段と美しく輝いたのである。夢中で拍手し、あとは、あっちへ歩いたり、こっちへ飛んだりする僕の銀色の半長靴を目で追うのに精一杯で、筋なんか、まるで覚えていない。

と回想する。「僕の銀色の半長靴」とあるのは、舞台で使用された半長靴は矢代少年が家業の手伝いで自ら銀色

に着色したものだったためである。

この公演でライサンダーを演じたのが水の江瀧子、ほかの主な配役としてデメトリアス＝津阪織江、チテニア＝小倉みね子、ヘレナ＝石上都、ハーミヤ＝吉川秀子、オベロン＝富士雪枝、シシリアス＝大東京子、パック＝熱海芳枝などであった。

『松竹七十年史』によれば舞台では回り舞台が使用されたとも記されているように、

全三部二十三場を幕なしに轉換させ、第二部の森の場は、全舞臺上に装置して之を景によって、右に廻し、左に廻し、或はロングショットクローズアップをし、人物が木々を傳ふて渡る所等に新しい味を出す事となつてゐる。（『楽劇』一九三三年八月号）

と当時としては最先端の舞台装置が展開されたことが記録されている。

なお一九三三（昭和八）年六月一日時点で、技芸員、予科生、本科生のすべてを含めて二百三十余名を数える日本屈指の大劇団となっていた。

このように当時最高の舞台を歌舞伎座で公演し、六月七日からは浅草松竹座において『女学生日記』、楽劇『港の日本娘』（三景）、そして『真夏の夜の夢』を上演しているが、この公演中である六月一〇日に日本の近代芸能史に残る大きな事件が巻き起こったのであった。

それがいわゆる「桃色争議」である。

世間を騒然とさせた桃色争議

まず、ここでは桃色争議の概要について解説する。

いわゆる「桃色争議」は東西の松竹楽劇部によって行われた労働争議で、日頃よりオーケストラ楽士たち（以下、音楽部員）が労働環境の整わない中で演奏に従事しなければならないことを苦慮したのを発端として、部長であった蒲生重右衛門、生徒監督の山下由夫に反感を抱いていた楽劇部の女生徒も立ち上がったことにより巻き起こったものであった。

一九三三（昭和八）年当時、音楽部員は二十四人在籍したが、一日三回公演のすべてを生演奏するため落ち着いて食事を摂る暇もなく、オーケストラボックス内は掃除が行われず病気になる者も多かった。しかも病気になり休養を取ると人員の補充が行われるため、復職ができないという職場環境だったそうだ。また女生徒の待遇についても、水の江らスター格でも月給は八十〜百円、群舞の女生徒ともなると十〜二十円の安さに、出演手当が五十銭ほどがプラスされる程度であった。しかも、そこから白粉代、通勤費を捻出しないといけなかったため到底余裕のある生活ができるものではなかった。

そこで一九三三（昭和八）年六月一四日、音楽部員たちが加入していた関東映画従業員組合の幹部・伊藤右馬ほか三名、従業員代表・益田銀三ほか八名らは京橋区新富町にあった松竹本社を訪れて、当時松竹専務取締役であった城戸四郎らと面会するに至った。なお、東京組が先陣を切ったことで大阪組にも飛び火し、大阪組は六月一九日に嘆願書を会社側へ提出した記録が残っている。

『労働争議調停年報』（社会局労働部、一九三四年）には「松竹興行株式會社淺草松竹座の勞働爭議」として記載されている。使用従業員数は二百八十八名（その内女性が二百四十八名）、内訳としては事務員三名、表方八名、女給二十一名、楽士二十九名、少女歌劇生徒二百二十七名である。その全従業員のなかで争議に参加したのは楽士二十九名、少女歌劇生徒二百二十七名の計二百五十八名との記載があるが、全員が最後まで争議に参加したわけではなく、会社側に転向した生徒がいたことは後述する。

嘆願條項

一、馘首減給及勞働强化を絶對爲さゞること

一、退職手當を制定されたし
但最低六ヶ月分一ヶ年を增す每に一ヶ月分

一、本人の意思に依らざる轉勤を爲さゞること

一、最低賃金制を制定せられたし
但し音樂部研究生は六十圓一ヶ年を以て本部員に昇給のこと
音樂本部員百圓
女生徒硏究生は十五圓期間は半ヶ年として舞臺に立せざること
以後は本科生として四十圓

一、出演手當を本給に繰入れられたし（女生徒）

一、即日日給の三割を昇給せられたし

一、定期昇給制を制定せられたし
但し年一回月給の一割（十二月）
一、公傷に依る治療費を會社より全額支給せられたし
一、公傷及疾病による欽勤の場合は給料の全額を支給せられたし
一、従業員死亡の場合退職手當及吊慰金として日給の六ヶ月分以上支給せられたし
一、運動手當を制定せられたし

イ、公演二回以上は一回を増す毎に三圓
ロ、松竹少女歌劇以外の仕事の場合は一日五圓以上
ハ、主催者松竹以外の場合は一日五圓以上
ニ、地方出張の場合は汽船二等手當一日五圓宿泊料　食費は會社負擔
ホ、樂器運搬の費用會社負擔
ヘ、代役の手當を支給せられたし一日分三圓
ト、放送及レコード吹込等の場合即時金額支拂はれたし

一、衛生設備休憩室の改造、樂屋清潔、オーケストラ、ボックスの改造のこと
女生徒用の寝具の設備、便所増設等（女生徒）
舞臺の清潔（雪紙再使用爲さゞること等）
一、公休日を制定せられたし

但毎公演後五日間及暑中休暇（一ヶ年二十日間の連續）
一、月給日を制定せられたし
但毎月二十五日（休日の場合は前日）
一、組合加入の自由を認められたし
一、即時十名（音樂本部員）を増員せられたし
但現在の臨時雇五名を含む
一、兵役及軍事召集に依る缺勤中の給料を全額支給
一、使用に堪へざる樂器備品は即時會社にて購入せられたし
一、前借を認められたし
但し月給の四ヶ月分以上
一、研究生（音樂部）二名を使用せられたし
一、出演中强制練習を爲さゞること
一、中間取搾をなさゞること
女生徒督監（山下）を馘首に裏方（加藤）を更迭せられ度
一、不法馘首せられたる女生徒（村井加代）を復職せられたし
一、女生徒の制服を會社より支給せられたし
但し年四回
一、醫務室を設置せられたし
一、女性従業員生理休暇七日以上を與へられたし

一、衣裳屋を十名増員せられたし
一、大道具及衣裳屋に對する附け届け會社にて負擔せられたし

右嘆願候也

昭和八年六月十三日
松竹少女歌劇従業員一同
社長　大谷竹次郎殿

以上が嘆願書の全文と思われる。

この嘆願書を提出後、会社側からは「公傷治療費会社負担」「衛生設備の完備」の二項目のみ即時承認するが、ほかの項目については重役会議を行ったうえで六月一六日に会見・回答することを約束した。その際、音楽部と楽劇部、別々に回答すると返答し、争議団はそれを断固拒否して立ち去ったとされている。

そこで会社側は交渉がさらに決裂することを予期して、六月一五日の公演終了後に浅草松竹座をはじめ帝国劇場や本郷座の稽古場をも閉鎖。城戸四郎の名で閉鎖理由を記した声明書が貼り出され、公演の看板はすべて撤去となり浪曲公演（一七日〜浪曲大会、二五日〜寿々木米若公演）の看板とすり替えられたのであった。

来る六月一六日、予定通り松竹本社において第二回目の会見が行われ、会社側からは専務、常務、秘書の三名、そして従業員側からは音楽部員より代表者五名、楽劇部の女生徒からは十名、そして労働組合幹部五名、楽劇部

員の父兄三人、計二十三人が出席している。この際に出席した女生徒の氏名は記録されていないが、『文藝春秋』一九九〇年二月号に掲載された「昭和を熱くした女性50人」特集のなかで、当時香取文江を名乗っていた香取希代子（後に振付師として松竹歌劇団公演に関わる）は「交渉の席で水の江さんが発言されたという記憶はまったくありません。当時二十一歳で年長だったわたしが主に発言していました」と述べていることから、幾度かあったであろう会社側との交渉の場に水の江や香取が同席していたことがわかる。

まず従業員側から松竹座閉館を不当として即時開館することを要求、そして嘆願書に掲げた項目より「大道具及衣裳屋に對する附け届け會社にて負擔せられたし」の項目を削除し、新たに五項目を付け加えることを伝えた。

追加要求事項

一、日給歩合を日給制にせよ
一、蒲生重右衛門を更迭せよ
一、爭議中給料全額支給せよ
一、爭議費用全額支給せよ
一、本問題に因る犠牲者を絶對に出さゞること

それと同時に六月一五日には松竹座において楽劇部員父兄により懇談会が行われており、参加者約六十人は応援することを宣言。一六日朝、松竹本社に向かう前に田原町の料亭・多津巳で会合を行い、女生徒約二百人も参加。大阪組の飛鳥明子より「ヒツシヨウヲイノル」（筆者注：必勝を祈る）の電報も寄せられ、ここでは決議文をし

たためている。

決議文

今般松竹少女歌劇團に發生したる紛議に對し吾々保護者會は左の理由により断乎として抗議することを決議す

一、實證見聞の結果嘆願書内容の切實にして當然なること、依て全要求を即時受入れらるべきこと
一、松竹本社の無誠意極まる態度に對して反省を望む然らざる場合は保護者會に於ても断乎たる方針を持す
一、非人間的な蒲生、山下兩氏に絶對的辭職を勧告す

右決議す

昭和八年六月十六日

松竹少女歌劇女生徒保護者會

これらを会社側に提示してストライキを行うことを宣言し回答日の提示を求めたが、会社側は「回答日を明示する必要はなし」と回答したことで完全に決裂。以後、争議団側は争議団本部を浅草区花川戸にあった東橋亭、父兄らは浅草区馬道の並木亭に本部を置いて、本格的なストライキが始まることとなった。

その後の動きを時系列にして記載すると、六月一七日には争議団本部を浅草区三間町の関東映画従業員組合本

部に移し、保護者会は対策委員を選出して事務所を浅草区材木町の吾妻倶楽部に移転。また、浅草六区館代準備会、六区街人会、レヴュー後援会、関東労働組合会議や、その他の労働組合からも応援があり、これらの団体の中には松竹側責任者に面会して強硬な交渉を行った者もあったという。さらに組合の動きは活発に拡大し、六月二八日には全国映画劇場従業員組合、関東映画従業員組合、日本映画従業員組合の三団体が関東地方映画従業員共同闘争委員会を結成し、レヴュー争議を支援することになった。

当然のことながら、会社側も傍観しているだけではなかった。その間も会社側は、争議団の切り崩しのために動いており、父兄を通じて説得を重ねた結果約三十名を復帰させることに成功。そして六月二五日には江戸川蘭子、長門美千代、柏木千枝、小梅歌子、岡崎明子、石河菊枝、香取文江、花井咲子、芝兼子、曙夢子、末広弘子、富士雪枝、金杉玲子、駒澤千夜子ら生徒十四名、池田泉一郎、岩尾徹、梶原宏、貫洞喜代治、小林英雄、坂口新、高橋孝太郎ら音楽部員九名の解雇を通告し、翌二六日には従来の歌劇団を解散して新生の松竹少女歌劇団とすること、また全寮制の歌劇学校を設立する案内を女生徒の各家庭に郵送している。この際「待遇は、争議団の要求内容とほぼ一致するものとする。蒲生、山下は一切、学校とは関係しない。クビにした以外の楽劇部員は、争議参加の有無を問わず、七月五日までに申し込めば、優先的に入学を認める」が通知されたと、『タアキイ』のなかで中山千夏は書く。これをきっかけにしてか、二七日には争議副委員長であった吉川秀子、小倉みね子ら二十二人が城戸四郎と会見し、新設の歌劇学校への入学を申し入れ、受諾されている。（解雇された生徒のうち、結果的に復帰できたのは水の江、長門、江戸川、花井の四人のみであった）また、当初ストライキに参加していたが、途中から会社側へ転身した生徒は「お詫びガール」と称された。

七月には争議委員長にまつり上げられた水の江ほか一名の解雇も発表された。会社側への復帰者は、争議団との接触を避けるため神奈川県葉山の施設に収容（葉山は御用邸のある地という理由から間もなく金沢八景に移動）。それに対抗した争議団側の約百二十名は、神奈川県の湯河原温泉に籠城したことでさらにストライキはヒートアップし、それを煽るかのようにメディアは大きくこれらの動きを取り上げている。

そして解決に向けて七月二日、四日、六日と交渉が重ねられたが「歌劇少女の組合加入問題」「争議中の日給」「争議費用」の三点と解雇問題について双方の主張が折り合わず、一三〜一五日には昼夜通しての折衝が行われた。このときの折衝について城戸四郎は

ほとんど三日二晩ぶつ通しで協議した。その間はタバコを吸うくらいの間しかない。向こうはとつかえひつかえ、委員をかえて來る。かわらないのは僕と警官なので。こつちは次第に疲勞困憊して來る。（中略）レヴュー側からガール達が五六人來ている。その女達もくたびれていぎたなくパンツを丸出しに寝入つてしまう。僕は活を入れるつもりで、女の子たちに、「そんな恰好しているから、見えるじゃないか」とどなるのだ。そうすると急におまわりさんも、重役陣もサッと目をあける。好奇的にキョロキョロあたりを探して結局また寝てしまう。そんな秘中の一場面もあつた。」（『日本映画伝　映画製作者の記録』）

と、緊張の中にもどこかユーモアのある様子を書き残している。

この折衝後「解雇問題は誠意を以て善處すること、女子の組合加入問題は争議團に於て撤回すること、争議中の日給及争議費用の問題は會社が見舞金として金一封（六、〇〇〇圓）と他に城戸専務個人名義を以て二五〇圓を支給すること」という覚書を、七月一五日午後一一時に交換することで円満解決にこぎつけることができた。

覺書

松竹少女歌劇團從業員對松竹興行株式會社との間に於ける勞働爭議に關しては左記條件に依り圓滿解決したるに就いては茲に覺書二通を作成し當事者双方一通宛保持するものとす

條件

一、正當の理由なき馘首をなさゞること

一、減俸をなさゞること

但し從業員一般に對し減俸をなす場合は此の限に非ず

一、勞働强化をなさゞること

但し過勞と認めざる揚合は此の限に非ず

一、退職手當は歌劇團研究科生（以下女生と稱す）の場合松竹少女歌劇團給與規定第十五條に依る

但し音樂部員（以下樂士と稱す）勤務一ヶ年毎に半ヶ月を支給す但し一ヶ年未滿は月割とす

一、本人の意志に依らざる轉勤をなさざること

一、最低給料を左の如く定む

イ、女生の場合は松竹少女歌劇團（以下歌劇團と稱す）給與規定第一條及第二條に依る

ロ、樂士の給料は金五十圓とす

一、女生出演手當に本給に關しては歌劇團給與規定第一條及第二條に依る

一、月給即時三割増給に關しては給與規定第一條及第二條に依る
但し樂士に對する分は考慮すること
一、定期昇給に關しては左記の如く定む
イ、女生に於ては歌劇團給與規定第十條に依る
ロ、樂士に於ては本人の技量、勤務狀態並に會社の業績を参酌して年一回昇給する事あるべし
一、賞與に關しては女生の場合歌劇團給與規定第十一條に依り樂士の場合に於ては從來の支給より善處す
一、公傷の場合は歌劇團給與規定十四條に依る
一、疾病に關しては女生の場合歌劇團給與規定第十二條に依り樂士の場合は三ヶ月間全給を支給し以後は支給せず
一、女生又は樂士死亡の場合は歌劇團給與規定第十七條に依る
但し金一封は最低金五十圓とす
一、通勤手當に關しては左の如く定む
イ、二回以上公演の場合は歌劇團給與規定第三條に依る
ロ、歌劇團以外の出演は歌劇團給與規定第四條依る
但し本人の希望に依り樂士を他へ出演せしめず
ハ、松竹興行以外の主催者に對し出演の場合は歌劇團給與規定第五條に依る
二、出張の場合に於ける汽車、汽船等は左の如く定む
女生の場合は歌劇團給與規定第八條に依る
樂士の場合は主任二等、其他三等、汽船全部二等引離用一日金三圓以上を支給す

ホ、樂器運搬費は會社に於て實費を負擔す
ヘ、出演中代役をなす場合は（女生に於けるとき）歌劇團給與規定第六條に依る
但し被代役者の出演手當が代役者の手當より低き場合は代役者手當の額に依る
ト、放送レコード吹込等の場合は歌劇團給與規定第五條に依る
一、衛生設備は出來得る範圍に於て之を實行し休憩室、オーケストラボックスの改造、樂屋の清潔、便所増設等は速に着手し女生専用の寝具並に雪紙の再使用等は實狀調査の上之れを決す
一、公休日は歌劇團給與規定第九條に依る
一、月給日は歌劇團給與規定第七條に依る
但し出演手當は十日目毎に計算し三日以内に之を支給す
一、音樂部員増員は實狀調査の上城戸、益田兩氏共力の上善處す
一、兵役及軍事召集の場合は休職とし除隊の上は元職に復す
但し休職中は給料を支給せず
一、使用に堪へざる樂器備品は實狀調査の上修理又は新調す
一、女生村井和子復職に就いては本人の意思を確めし上之れを決す
一、女生の制服は之れを廃止す
一、座附囑託醫を定め衛生材料を整備すること
一、女生出演に差支へなき範圍に衣裳係員を増員する樣交渉すること
一、會社は爭議團に對し金一封を支給す
一、本爭議に依り犠牲者を出さゞる事とし左記協定を爲す

(一)女生徒十七名音樂部七名計二十四名は二ヶ月間謹愼すること

但し女生徒三名音樂部員二名は一ヶ月以内に謹愼解除せしむること

(二)謹愼期間中は給料金額支給すること

(三)出演又は練習は努めて之れを考慮し其開始は會社の通達を俟つこと

(四)謹愼解除は會社に於て誠意を以て善處すること

但し二ヶ月後謹愼解除の通知なきものは任意辭職すること　以上

昭和八年七月十五日

そして湯河原に籠城していた争議団は七月一九日に帰京し、浅草並木倶楽部において解散式が挙行された。

生徒たちの姿

一方、桃色争議に直接参加せず、舞台に立ち続けた生徒もいた。そのとき、大阪松竹座で行われていた『メリー・ゴラウンド』の舞台に立ち、飛鳥明子の相手役をつとめた津阪織枝は、その公演から帰京した東京駅の構内で争議団のメンバーから声をかけられたという。

東京驛につくと、どうした事でせう、私の周圍は男女の群に圍まれて了ひました。いつものファンの方たちとはすつかり様子が異ひます。同行の方達もいつのまにかばらばらになり、私は多勢に圍まれて待合室まで連れられました。
「私達は松竹の争議團の者です。」
一人が争議の経過を話されたので、どうやら輪郭がわかりました。（中略）
「私、今歸つたばかり、お話も今伺ふのが初めてで、どうしたらよいか、少し考へてから御返事したいのです。一度家へ歸して下さい。家へ歸つて母に會つてから、必ずあなた方の所へ行きますから。」（『ルンバの嘆き』）

このように大阪公演後の身を休める時間もなく、また口頭で説明は受けたものの見知らぬ人に囲まれ、全容を把握することはできなかったことだろう。その後オリエは、オリエを取り込もうとする争議団の人々に追われたが、「私、會社よりも争議団よりも、母さんにつくべきだわ」と考え、松竹からの迎えの車に母と乗ったのであった。

このとき、松竹側についたことを「母をだしに使って、私は安易な道についたのであらうか。母のためと、まことしやかな舊道徳に隠れて、友を裏切つたのであろうか」と回想しているが、この心が乱れるなかで、スター・水の江瀧子が不在の舞台『アベック・モア』『散りゆく花』の舞台稽古がはじまったのである。

なお桃色争議のために六月一六日に松竹座の公演は中止、一七日から浪曲大会、二五日から浪曲師・寿々木米若の公演が行われている。七月はエノケン一座、八月には古川緑波「笑の王国」が松竹との提携第一回公演を行っている。

不評となった『アベック・モア』の公演

水の江瀧子が不在となった松竹少女歌劇は新たに「松竹少女歌劇団」と劇団名を改め、それまで行われていた松組・竹組の組み分けも廃止して第一回公演が東京劇場で行われることとなった。この際のプログラムはローマ

大阪松竹座『メリー・ゴウランド』(1933年)、大阪の飛鳥明子と共演するオリエ津阪(右)。この公演後に桃色争議が起こった。
(飛鳥明子旧蔵アルバム)

ンス『散りゆく花』（二景）、モダンバレー『マダム・タチアナ』（一幕）、グランド・レビュー『アベック・モア』（十九景）というもので、それまでの津阪織枝がオリエ津阪と改名。松竹はオリエを水の江瀧子の後釜として抜擢したのであった。

『散りゆく花』はハリウッド映画のスター女優であったリリアン・ギッシュが主演した名作映画『散りゆく花』にヒントを得て作られた作品で、中国人青年役をオリエ津阪、父親にいじめ抜かれる娘を市村菊子が演じている。九期生の市村は前年行われた『思い出』（アルトハイデルベルヒ）で主役・ケテイに抜擢されており、ここで改めて存在を示す形となった。可憐な舞台姿は観客の目を引いたことだろう。

『マダム・タチアナ』は舞踊家・執行正行が松竹少女歌劇の振付師を初めて担当した作品となり、九期生の紅千代、十期生の河路龍子がスター格として出演を果たしたことも大きな点だろう。そこに声楽専科の彌生ひばり、光川珠江、ゲスト枠として流行歌手・松島詩子、マダムタチアナ役を演じたのは井草鈴子であった。なお、「お詫びガール」として途中から会社側に転向して復帰した小倉みね子は美しき女奴隷役という六人いるうちのひとり、吉川秀子は十二人いるパリカンカンのなかのひとりとして再び舞台を踏むこととなった。

そして『アベック・モア』では主演のマルセル役をオリエ津阪、リケットほか数役を小倉みね子、カトラン校長を吉川秀子と、ただ役を与えられたのみならず多くの場面に登場しており、また宝塚少女歌劇団十四期生から移籍した早蕨郁子が北原三紀子（北原ミッキー）と改名し登場。早速、光川珠江とともに主題歌『あたしと一緒に』のレコード吹き込みを行っている。

以上、資料上の記録のみを見ると、水の江をはじめとするスターが不在のなか新たなスターが誕生し、河路龍子ら下級生が抜擢される様子は、劇団に新たな風が吹いたようにも感じるが、実際はそれだけではなかったようだ。

この東京劇場公演の幕が開いて、舞台に立った新たなスター・オリエに浴びせられたのは、

裏切り者！馬鹿野郎！引っ込め！卑怯者！

野太い聲、疳高い聲が騒然と場内に漲りました。初めは何の叫びか解らなかつたのですが、ステップにつれてその怒號は、やがてはつきりと私に投げられた石であることを知りました。（『ルンバの嘆き』）

というものであった。このほか、自宅にはオリエを責め罵る手紙が一日十数通届いたともあり、どのような気持ちでオリエが舞台に立っていたのか想像に難くない。

小倉みね子は著書『小島利夫と私』のなかで、

八月からの記念すべき松竹少女歌劇団第一回公演は火が消えたように寂しいものでした。男役のトップであるターキーは、なくてはならなぬ大きな存在でしたからお客さんの入りが悪く、珍しいことですが空席が目立ちました。

争議のおかげで悪役にされた私たちがいくら一所懸命に舞台をつとめても、一般の風当たりは冷たいものでした。

とも回想している。

当時の機関誌『少女歌劇』（一九三三年一〇月号）に投稿されたファンの声を確認してみると、

何故か、見て淋しさを感じさせられた。何かしらにがい物が心の中に殘つた。豫想してゐたよりずつと佳作であつたのに新生第一回公演としては決して見劣りのするものでなかつたのに、そして今でも雨タイプライター、衣裳哲學等印象深い構成上すぐれた景も多かつたけれど全體を通して私は淋しくなつた（中略）とにかくターキーの抜けてゐるのは淋しい。全員揃ふ日の一日も早い事を願ひます。（紅奈緒美）

今迄絶大の人氣を得てゐたナムバーワン、例へばターキーを始め、おなじみのスター級の半分を失つた舞臺から來る物足らなさ、淋しさを如何に補ふかと云ふ事である。而し、夫れは、蓋を開けてみて、殆ど杞憂に過ぎざりし事が分かった。（中略）だが、ターキー等が居れば此の上とも、尚よいであらふと思われる事は事実である。（迷月生）

などのように、作品としては面白いが「淋しさをぬぐえない」という声が異口同音で多数見受けられる。「お詫びガール」として復帰した生徒のひとりである小林千代子は『少女歌劇』（一九三三年一〇月号）の中で、

そのなつかしい古巣に歸れた私は瞳を見張らずにゐられることが起こつてゐました。それは會社側の配慮に依りまして私等の舞臺生活をよりよくするため樂屋の設備が完備していゐたことです。私等は嬉び合ひ感謝さへしました。それにつきましても一日も早く氣の毒な謹慎していられる人々も戻られてこの悦びをお分けしたいと思ひます。

と書き、また石上都も

二度と歸る事は不可能と思つた松竹座へ又九月一日から何と云つてもなつかしい松竹座に歸つて來ました。そして内部がきれいになつたのにおどろきました。お部屋のかべはピンク色にぬられお化粧前は一人一人新しく作られたきれいな對立までとゝのへてあり疊も絨毯も敷いてあります。勿論なんきん虫も蚤も居りません。

と寄稿しており、この一文から松竹座の楽屋内部が改装されていたことが分かる。それまで二か所しかなかったトイレも、七か所に増設されたそうだ。

『タンゴ・ローザ』からの出発

桃色争議が巻き起こってから約四か月、ようやく騒動に決着が着いて水の江瀧子は松竹に復帰することとなった。

『少女歌劇』（一九三三年一一月号）の冒頭には大谷竹次郎と城戸四郎の声明文が掲載されている。ここで改めて、ファンや世間に対して問題が解決したことを表明している。

松竹少女歌劇も、今夏の争議は正に強き者が更に一飛躍せんが爲めの尊い試練、試金石となつたのである。（中略）若さと熱をそのスローガンとしてゐる少女歌劇の女生徒等は皆私にとつて、可愛い子供達ばかりである。皆青空の下に引き出された若駒のやうに、潑剌と明朗さとを備へた可愛い小さな藝術家達である。私は何處までも自分の娘を育てゝ行くやうな氣持ちで、健やかにのびのびと發育させてやりたいと考へてゐる。（「所感」大谷竹次郎）

そして、水の江瀧子の復帰第一作として行われたのが、松竹歌劇史上最高傑作といわれるグランドレビュー『タンゴ・ローザ』（二部二十一景）、『ジャズ・東京』（十二景）の公演で、一〇月二九日から東京劇場、一一月六日からは浅草松竹座で行われることとなった。

三三年秋に捧げる豪華版「タンゴ・ローザ」は久し振りに世界を南歐情熱の國・西班牙に採り、キヤスタネツトの響、甘いギダラの調べ、アコデイオンの妙音を伴奏に、オレンヂの花薫る木蔭に燃ゆるが如くき美しきマンティーラを背景に白薔薇の如く咲く西班牙の舞姫「タンゴローザ」と巴里生れの伊達男トレアドールのアンリーとが歌ふセレナータに結ぶ情熱の戀の夢を極めてフアンタシテイクにレヴュウ化したオペレッタ。（『少女歌劇』一九三三年一一月号）

と解説されている。登場人物たちがパリとスペインを股にかけて織り成す恋愛物語で、許されぬ恋に一時は結婚をあきらめて別れ別れになったパリ生まれのアンリーとスペイン娘・ローザであったが、紆余曲折を経て最後は結ばれるという筋であった。

配役は、アンリー＝水の江瀧子、フランソア（アンリーの弟）＝オリエ津阪、ローザ＝小倉みね子、カルメン＝西條エリ子、ポンポサ（ブランシャル家の女中）＝吉川秀子、ヴィルジール（アンリーの妹）＝小林千代子、ラランダ

＝春野八重子、ブランシャル夫人＝大東京子、フランソアの花嫁候補＝熱海芳枝、渋谷正代、井草鈴子、市村菊子、光川珠江、白金つぼみ、修道院の尼＝江戸川蘭子などで、まさに松竹少女歌劇黄金期を支えたスターたちが勢ぞろいした豪華なものであった。

主題歌として『タンゴ・ローザ』（安東英男・作詞、紙恭輔・作曲）、『戀のエスパニア』（安東英男・作詞、田代与志・作曲）、『愛誦』（田賀甫・作詞、浅井擧曄・作曲）、『戀しセニョリータ』（田賀甫・作詞、田代与志・作曲）が作られたが、その中の『タンゴ・ローザ』（江戸川蘭子・歌唱）と『戀のエスパニア』（春野八重子・歌唱）のカップリングで、コロムビアレコードより発売されている。

プロローグでは主題歌『タンゴ・ローザ』が演奏され、舞台中央に設置されていた大きいスペイン扇の扉が開くと、その扉から小倉みね子演じるローザが登場。さらにブランシャール夫人とエレーヌ、フランソア、ヴィルジール、ポンポサを演じる出演者が続々と現れ、最後には闘牛士服に身を包んだ水の江瀧子が登場。水の江を引き立てるための最高の登場シーンといえ、フィナーレの大群舞、青山圭男の振付、三林亮太郎の舞台装置など、当時の松竹少女歌劇団でできる限りの最大能力を発揮した舞台だったと言われている。

ことに「赤き薔薇か君が唇 甘き戀に心いざなう」の歌詞からはじまる『タンゴ・ローザ』は松竹歌劇を代表するレビュー主題歌として、折に触れてステージで使用されるほど浸透した。なお、この『タンゴ・ローザ』は東京劇場で十四回、浅草松竹座で七十四回、翌年行われた大阪歌舞伎座で五十回、京都南座で二十二回、計百六十回公演が行われた、松竹歌劇史上最も多くの公演回数を重ねた作品といわれている。

後年、作家の佐藤愛子は著書『愛子の百人斬り』のなかではじめてターキーの舞台を見たのは、「タンゴローザ」という演し物の時だった。背景の扇が開くと、その中に純白のタキシードのターキーが微笑んで立っている。キャーッ、ワーッと歓声が耳をつんざき、後はもう何が何やらわからない。前も後ろも総立ちで、「ターキーッ」「水の江さーん」とわめく中に（勿論、私の姉もその一人）チビの私は呆然と坐って、自分のいる場所を谷底のように感じた。何も見えず、聞こえず、ポカーンと坐って、そうしてわけがわからぬままにシビレていたのである。

と『タンゴ・ローザ』を姉と観劇した際の思い出を綴っている。

当時の評価について『少女歌劇』（一九三三年一二月号）誌面の投書欄には、次のようなものがある。

音樂の進歩、勝れたる舞踊構成に加ふるに水の江の登場に依りプロローグからフィナーレに至る迄些の倦怠も覺えなかつた。期待に叛かぬ事實上の豪華絢爛であつたことは嬉しい。又今回公演に當つては各人にそれぞれ適當なポジションを與へ大體に於て均等な演技をさせたことも嬉しかつた。（「タンゴローザ愚考」里見しげる）

東京で『タンゴ・ローザ』の幕が開いたとき、一方の宝塚少女歌劇団では宝塚歌劇史に残る名作レビュー『花詩集』（白井鐵造・作）を宝塚大劇場において上演していたのは偶然だったのだろうか。ここで戦前日本におけるレビュー全盛時代が到来することとなり、水の江瀧子は人気絶頂期を迎えることとなる。

かたやグランドレビュー『ジャズ・東京』は、当時のモダン文化が花開いた東京の様子を織り込んだ作品で、

松竹歌劇史上の最高傑作といわれる『タンゴ・ローザ』(1933年)での
水の江瀧子。(筆者蔵)

『新唐人お吉』『秋の銀座』などのレコード流行歌がうたわれたほか、『カッポレバリエーション』『じねんじょ節』や新内などの邦楽が使用され、モダンと日本情緒の対比が面白い作品だったようだ。

第一景では主題歌『ジャズ・東京』の演奏が終わると、オーケストラボックスから黒燕尾を着た水の江が司会者となって颯爽と登場。

レビュー評論家の橋本与志夫は当時、水の江が舞台に登場した瞬間を、

　観客の意表を衝いて、場内が熱狂的に湧いた。その熱狂ぶりは、とても今日のアイドル歌手の登場に対するそれとは、くらべものにならない想像に絶するものだった。（LP『松竹歌劇全集』）

と書き、続いて水の江は「ハローグッドイブニング、ようこそおいでくださいました。一九三三年の東京は明朗溌剌たる若さの都。燃えるやうな戀がありますよ。静かな語らひがありますよ。ルツボにたぎる人生の姿がありますよ。あふれるような力と熱、モダン東京はジャズでおどる」と客席に挨拶をする。

七景「フーピー」は上手寄りに二重舞台、ジャズバンドが並ぶ華やかさで、真っ赤な羽を腰につけてジョセフィン・ベーカーに扮した三田絹代が登場。十二景のフィナーレでは、新たに編成されたグループ「ハッピースター」が紹介されており、残された舞台写真をみるとどれも華やかで心躍るものがある。ハッピースターのメンバーは、駿河春枝、草間光子、東山光子、青葉照子、葉村みき子、伊丹陽子、紅十六、月島春子、鳴海幸子、京町みち代の十人で、華やかなスターたちの舞台にフレッシュな色彩を与えたことであろう。

なお、この公演で安東英男・作詞、紙恭輔・作曲による新しい『松竹少女歌劇団歌』が発表されたが、長く歌われるものにはならなかったので歌詞のみここで紹介したい。

おゝ心あこがるゝ　麗しき詩の郷
おゝ若き血は踊るよ　氣高き理想の丘
行手遥かなる空に仰ぎて　行くよ我等は藝術の道をひたすらに

いざ歌へよもろともに　いざ進めよ撓ゆまず
青春の喜びもて　青春の熱情もて

そして一二月二〇日からは、歌舞伎座においてミュージカルコメディ『美人島満員』（一幕二場）、バレエ『歌を忘れたカナリヤ』（一景）、グランドレビュー『ウィンナ・ワルツ』（二部二十景）が上演されているが、この公演中である一二月二三日に皇太子（平成天皇）誕生の知らせが入ったことで、一日限りの特別プログラムとして奉祝レビュー『我が日の皇子』（一幕）を上演。

この公演について、小倉みね子は

『ウインナ・ワルツ』の公演が始まって間もない八年十二月二十三日朝、私は電話で呼び出されて開演前の歌舞伎座へと急ぎました。今上陛下がお生まれになったのです。

青山圭男先生の振付けで奉祝の「鶴」をトウ・ダンスのソロで舞いました。『我が日の皇子』一幕の特別プログラムです。声楽専科の方たちが紋付と袴の制服で整列して歌う奉祝歌に合わせ、私は純白の衣装で当日振付けられたばかりの『鶴の舞』を心を込めて踊りました。一日だけの舞台でした。（『小島利夫と私』）

と自著のなかで回想している。
また橋本与志夫も「舞台、観客席、オケボックス全員がその場で起立し「君が代」を大斉唱して奉祝の意を表したのが、ほんの昨日のことのように思い出される」（LP『松竹歌劇全集』）と書き残している。

レビュー全盛時代来る

一九三四（昭和九）年になると東京におけるレビューの状況が、それまでのものとは一転する。一月一日には日比谷に東京宝塚劇場が開場し、宝塚少女歌劇団は『宝三番叟』『巴里のアパッシュ』『紅梅殿』『花詩集』を上演。東都レビューファンを沸かせたことは言うまでもない。

一方、日比谷からほど近い有楽町にあった日本劇場は一九三三（昭和八）年に開場披露式が行われ、一九三四（昭和九）年に公演が開始されている。第一回公演は松竹少女歌劇にも出演したジャズ歌手の川畑文子主演『踊る1934年』で、日本劇場レヴュウ團や松竹少女歌劇の歌唱指導者であった天野喜久代も助演。当時は「陸の龍宮」のキャッチフレーズで宣伝が行われ、のちには「日劇」の通称で親しまれることになる。なお開場当時は日本映画劇場株式会社による経営であったが経営不振に陥り、続いて日活映画の封切館となるも失敗。一九三五（昭和一〇）年に東宝が吸収合併したことにより、一九三六（昭和一一）年に日劇ダンシングチームが誕生することになる。

このように、一九三四（昭和九）年正月の東都レビュー界は、浅草松竹座での松竹少女歌劇、東京宝塚劇場での宝塚少女歌劇、日本劇場での川畑文子公演という、いずれも引くことはできない熾烈な公演合戦の幕開けとなった。

そのような状況であった二月は帝国劇場において、前年一〇月に初演されたオペレッタ『ポンポン・ルージュ』の再演が行われ、この作品の中では本格的な船のセットが舞台上に組まれ、続いて二の替りではバレエ・ロマンチック『ブルー・ハワイ』（再演）では、初めてスチームカーテンが舞台で使用され観客を驚かせたという。

三月には東京劇場において、バレエ・ロマンチック『ハンガリアン・ラプソディ』、グランド・オペレッタ『シャポー・プランタン』、そして第五回『東京踊り』（十二景）を上演。ことに第五回『東京踊り』はサブタイトルが「さくら音頭」で、一九三四（昭和九）年当時レコード会社各社が『さくら音頭』を製作したことで競作となり、レコード界で盛り上がりを見せたが、松竹少女歌劇団ではコロムビアレコードとタイアップ。佐々紅華・作曲、伊庭孝・作詞の雅やかな楽曲で、A面を柳橋芸者であった歌丸と富勇が歌い、片面を赤坂小梅と松竹少女歌劇団声楽専科研究生によって録音が行われたのを皮切りとして、松竹キネマと松竹少女歌劇団の共同主催、読売新聞社、高島屋、京都都ホテルなどの後援を得て、『さくら音頭』講習会、「ミス・さくら」コンテスト、東京の主要な公園では「さくら音頭舞踊大会」が開かれるなど、レコードを売るために大々的な宣伝が行われている。その『さくら音頭』とのタイアップのうち最大のイベントが第五回『東京踊り さくら音頭』だった。

この第五回『東京踊り』だけでなく、『シャポー・プランタン』（ラビッシュ作『シャポー・イタリアン』を脚色した作品）も当時好評を得た作品で、橋本与志夫によれば一九四六（昭和二一）年に『花嫁さんはお待ち兼ね』と改題して浅草常盤座で再演が行われている。なお、この東京劇場の初日開幕後に振付師の青山圭男は渡欧して、主力がひとり不在となった。

その後四月一日から浅草松竹座で『ハンガリアン・ラプソディ』、『シャポープランタン』、第五回『東京踊り』、二の替りでバレエ『サロメ』、楽劇『思い出』が『ハンガリアン・ラプソディ』の替りに上演されたが、このときに松竹少女歌劇学校第一回卒業生公演としてレビュー『憧れの君』も行われている。

この第一回卒業生の主な生徒には、期待された男役であったが早逝した吹雪美奈子、歌姫として活躍後に流行歌手となった歌上艶子、後に映画女優となった朝霧鏡子、戦後に『ミネソタの卵売り』でヒットを飛ばした暁照子（のちに暁テル子）などが在籍し、華やかな舞台を支えていくことになる。

『タンゴ・ローザ』の関西公演

そして五月二七日からは松竹少女歌劇団初めての関西公演が行われることになった。それまでも関西で公演は行われていたが、あくまでも選抜メンバーによるもので、今回の公演は松竹少女歌劇団が全員参加する公演であった。出し物は歌劇物語『お蝶夫人の幻想』（四景）、ファンタジーオリエンタル『サロメ』（一景）、そしてグランドレビュー・エスパニョール『タンゴ・ローザ』（二十三景）という、話題性抜群の演目であった。

五月二七日からは大阪歌舞伎座、六月一一日からは京都南座での公演が行われたが、関西で行われた東京松竹少女歌劇の公演は関西地方でセンセーショナルに迎えられて、水の江瀧子および東京松竹少女歌劇の存在はまぎれもなく全国区となったのである。なお、公演に先駆けて主なスターたちによって、道頓堀川で船乗り込みが行われるという大々的な宣伝が行われたことも、集客に大きな影響を与えたことだろう。「お蝶夫人號」「サロメ號」「タンゴ・ローザ號」と三艘の屋形船で道頓堀川に繰り出して大阪中央部を一周し、要所では船を止めて各スターが挨拶をする大がかりなイベントだったそうだ。

この京都南座で行われた公演について、女優の森光子は『主婦と生活』（一九五九年三月号）に掲載された二代目・中村鴈治郎との対談のなかで

森　ターキーさんにあこがれました。でも東京ですし、うちからとても出してもらえなかった。

中村　たいへんなものだったからね。

森　いっぺん南座に「タンゴ・ローザ」がきたときに毎日通いました。表に待ってましたら、ダットサンに乗ってね、人混みで、前の方に押されましてね、タイヤが靴の上を通ったらね、ターキーさんの体重を感じたとか何とかいうて…（笑声）

と語っており、また筆者は二〇〇〇年頃、森がバラエティ番組で「ターキーさんが歌った昔懐かしい歌」として、この『タンゴ・ローザ』の二番の歌詞を歌う様子を二度ほど見たことがあった。それほどにファンの心を沸かせ震わせたのが、この『タンゴ・ローザ』のメロディだった。

このように関西地方で東京松竹少女歌劇が話題をさらっている一方、関西を本拠地としている宝塚少女歌劇団のファンたちはおだやかではなかった。

宝塚少女歌劇団の機関誌『歌劇』（一九三四年七月号）の投書欄に目を通すと、

小林先生よ貴方は東京さへ人氣があれば地方公演などどうでもよいと云はれるのですか？　寶塚は今が一番大切な時ではないですか、寶塚が東京に氣を取られてゐる内に松竹少女歌劇は關西に手を延ばして來ました、さうして六月京都南座に公演してより今までグランドレビュー式の様なものに接する事の少ない京都の人々に一大センセーションを巻き起こし、女學生達は大部分ファンとなつてしまひました。寶塚のレヴュウを見た事のない京都の人々はタンゴローザはよく見へたに違ひない。さうして今學生達はターキーターキーだ。

と、開場したばかりの東京宝塚劇場との兼ね合いを危惧するファンの声が確認できる。この両劇団のライバル意識がお互いの切磋琢磨へとつながって、戦前のレビュー黄金時代を築き上げたことは言うまでもない。

関西公演から帰り六月二九日からは東京劇場で喜歌劇『たぬき神楽』（一幕）、グランド・レビュー『薔薇の騎士（ローゼン・カヴァリア）』（三部二十七景）が上演されたが、ここで初めての一か月公演が行われて大成功をおさめている。『薔薇の騎士（ローゼン・カヴァリア）』は欧州映画『お洒落王国』をヒントにした作品で、コロムビアレコードより主題歌『ラブリー・フローラ』『恋の小径』が発売されている。

水の江瀧子、レコード歌手になる

このように松竹少女歌劇が全国区となり水の江が飛ぶ鳥を落とす勢いであった一九三四（昭和九）年六月、コロムビアレコードの専属歌手になることとなり、コロムビア専属第一回新譜として『カマラードの唄／素敵なコンビね』を発売。銀座に開設されたばかりで、新譜のレコードなどを聴くことができた施設・コロムビア陳列所では七月六日と一〇日に「ターキー・サイン・デー」を開催。

当日の様子について『コロムビア三十年史』には

> 當時人氣の頂上にあつたターキー水の江瀧子の「カマラードの唄」發賣を機にサイン・デーを催したところ、七月の炎熱も物ともせず、押し寄せたファンの爲に街路は一時通行不能、交通巡査までが飛び出すといふ様なこともあつた。

と記されており、水の江が白ペンでレコード盤に署名をする写真も残されている。

以後、一九三九（昭和一四）年までにオリジナル楽曲をコロムビアレコードより発売しているが、水の江以外の生徒によるレビュー主題歌レコードがもっとも売れ行きをみせたのもこの時代であった。『コロムビア三十年史』には一九三〇（昭和五）年～一九三九（昭和一四）年までに松竹少女歌劇団に関する録音曲数は七十七曲と記録されている。

また一九三四（昭和九）年一一月二七・二八日に歌舞伎座で行われた「東北凶作歳末同情義捐　コロムビア實演大會」には、水の江と吉川秀子が出演、第五部で舞踊「ボレロ」を披露している。この実演大会はコロムビアレコード専属芸術家総出演の大がかりなチャリティコンサートで、山田耕筰を筆頭に作曲家諸氏、ハーモニカ奏者の宮田東峰、ヴァイオリン奏者としてアイドル的存在であった諏訪根自子、クラシック歌手からは原信子、そして淡谷のり子、伊藤久男、松平晃、ミス・コロムビア、音丸、中野忠晴、藤本二三吉、豆千代らの流行歌手に、演芸界からは柳家金語楼、リーガル千太・万吉という豪華さ。多くの人気歌手のなかでも水の江の存在は際立って目立ち、多くのターキーファンを動員して場を盛り上げたことだろう。

なおこの実演大会出演者は無料での出演、劇場使用料とその他諸経費を差し引いた純益は河北新聞社、東京日日新聞、東京朝日新聞社を通して、各社千円ずつ計三千円を凶作のために苦しむ東北の人々へ義援金として贈られた。

本拠地を新宿第一劇場に

関西公演、『薔薇の騎士』の一か月公演が大成功をおさめ、名実とともに戦前における松竹少女歌劇団の全盛時代を迎えたわけであるが、一九三四（昭和九）年九月には本拠地を浅草松竹座から新宿第一劇場へ移すことになった。

新宿第一劇場は一九二九（昭和四）年に開場した劇場で、当初は新歌舞伎座と名乗っていたが、改築竣工と同時に第一劇場と改称。赤い絨毯を敷き詰め、喫煙室を広く改装するなどし、そのオープンとともに松竹少女歌劇団の本拠地とすることになったわけである。ちなみに新宿第一劇場は現在の新宿駅東南口を降りた先の新宿三丁目周辺にあり、付近にはムーランルージュ新宿座や映画の武蔵野館などがあった。

この新宿第一劇場の公演に先駆けて、八月二八日午前一一時から生徒やスタッフ約百五十人は六十数台の自動車に乗り込み、帝国劇場稽古場から銀座、赤坂、四谷を経て新宿第一劇場へ向けて派手に宣伝を行ったのであった。このとき、二台の飛行機が五色のビラを空中から撒いたほか、新宿駅前にあった二幸デパート（後のALTA）で食事休憩後、生徒や関係者たちは街頭に整列して劇場入りをするという、それまでに類をみないスケールの大きい宣伝を挙行したのであった。

八月三一日から行われた新宿第一劇場公演はバレエ『モンパルノ・モンパルナス』、オペレッタ『十四人の花嫁』、グランドレビュー『秋の踊り』が上演されたが、連日大入り満員で、当時発行されていた『歌劇新聞』（一九三四年九月一五日）には

開演一時間前より各賣場は観客に埋まれて、宛然早慶戦以上の昂奮状態である。殊に毎土曜日曜日の如きは數千を筆へるファン潮にて、遂に入場出來ず空しく歸る觀客は其數數百に上って、場内外の整理員は手の施しやうもなき状態で、沸立つ人氣は流石の第一劇場内外をして昂奮のルツボと化してゐる。

と記されている。また、当時のプログラムには、通常は午後一時、六時からの二回公演であったことが記載されている。

『秋の踊り』(1934年)で「カリオカ」を踊る水の江瀧子と天草美登里。
(筆者蔵)

この『秋の踊り』では水の江の新曲『カマラードの唄』が挿入歌として使用されたほか、六景「キャリオカ」はRKO映画『空中レビュー時代』を意識したもので、水の江がフレッド・アステアよろしく、天草美登里を相手として華麗な踊りを披露して話題となった。

そして続く一〇月一三日からはイタリーから来日したダンテ大魔術団の公演が行われ、バレエ『青い眼をしたお人形』（一幕）、ミュージカル・ファンタジー『森の鶯（ナイチンゲール）』（三景）には松竹少女歌劇団の選抜メンバー（歌上艶子、松平すゞ子など）が特別出演を行っている。

一九三四（昭和九）年一一月からはミュージカル・ロマン『花の抒情詩』（八景）、バレエ『薔薇のスペクタル』、グランド・レビュー『巴里・モンテカルロ』（二十景）が上演され、この公演に先駆けて一〇月二七・二八日には野球早慶戦が行われている神宮球場の上空に「ガンバレ早慶松竹少女歌劇」の文字を飛行機の尾翼にながして、公演の宣伝を派手に行っている。

戦前松竹少女歌劇の傑作のひとつとして挙げられる『巴里・モンテカルロ』は、フランスの都会にある遊園地のなかにある小さなレビュー小屋を背景として作品で、レビュー一座の人気者チリーを演じたのが水の江瀧子、その弟分・ポリー大抜擢されたのが河路龍子であった。この作品で存在感を示した河路は川路龍子と改名しているが、当時の文芸部長で芸名の名付け親だった安東英男が「河路君、君ね、大スターになったら河路の河は三本川の川に改めた方がいいよ、サインの手数が大分省けるからね」という言葉に端を発したもので、ここで川路が本格的に脚光を浴びたことが分かる。

そんな川路は、一九一五（大正四）年東京日本橋区浜町出身。少女時代から芝居が好きで、一九三三（昭和八）年『秋のおどり』で初舞台を踏んでいる。なお川路のニックネームは「マメさん」で、その理由は「豆タヌキ」（タヌキとは水の江瀧子のあだ名）から来たものであったという。

この『巴里・モンテカルロ』では挿入歌の数々も印象的で、『おゝシャルマント』（田賀甫・作詞、田代与志・作曲）のほか、一九三二年に制作されたジャン・キープラ主演のドイツ映画『今宵こそは』主題歌のカヴァー曲『今宵は君と』、そして水の江瀧子がレコーディングした『グッドバイ・マイ・ディアー』はアメリカのレビューチーム「マーカスショウ」が来日した際、各都市の最終プログラムで使用した『サヨナラ日本』という楽曲をカヴァーしたものだとされている。余談にはなるが、このマーカスショウは一九三四（昭和九）年春に来日し三月から日本劇場に出演後、大阪歌舞伎座などにも出演。このマーカスショウには後年映画界入りをして世界的に有名となったダニー・ケイが在籍しており、また初めて本場アメリカのレビューを観た日本人も多くいたことだろう。

話をもとに戻すが、二の替りとして『薔薇のスペクトル』から、日本民謡をジャズにアレンジした楽曲をふんだんに使用した『ジャズ日本』（五景）へ入れ替えが行われ、一一月二九日には各国大公使や外交団など約二百名をこの公演に招待する催しも行われている。

そして翌年正月からの京都南座公演の準備で忙しく一九三四（昭和九）年は終わりを告げた。

『ベラ・ドンナ』事件

一九三五（昭和一〇）年は東京組挙げての京都南座公演で明けているが、このときの演目はすべて再演で『制服の処女』、『薔薇のスペクタル』、そして『巴里・モンテカルロ』（十九景）、二の替りとしてジャズコント『春のおどり』（十二景）、バレーロマンチック『モンパルノ・モンパルナス』、『巴里・モンテカルロ』（十九景）というものであった。

一か月の京都公演を終えたのち、二月からは新橋演舞場における初めての公演が待ち構えており、このときに上演された作品はジャズ・コント『春のおどり』（十二景）、グランド・オペレッタ・レビュー『ベラ・ドンナ』（二部二十景）で、二の替りでファンタシー『椿姫物語』（一幕四場）と『ベラ・ドンナ』であった。

この『ベラ・ドンナ』はノーベル文学賞を受賞したスペインの文学者であるハシント・ベナベンテの作品『作り上げた利害』を脚色したレビューで、橋本与志夫によると

このレビューが屈指の傑作に数えられているのは、装置、衣裳担当の三林亮太郎の仕事が与って力があったといわれている。カーテンの使用を極度に節し、回り舞台によるスムーズな転換、赤・黒・黄の大胆な原色的色彩で描き出したスペインの情熱、踊り子をいっぱいに嵌め込んだ扇のセット等々、いまなお日本レビュー界の語り草となっているほどだ。（LP『松竹歌劇全集』）

という舞台だったとのことで、初めての新橋演舞場公演は成功のうちに終わったといってよいだろう。この『ベラ・ドンナ』ではメキシコ民謡『ラ・クカラチャ』が初めて使用され、江戸川蘭子によってレコーディングも行われている。江戸川蘭子のレコードを聴くだけでも心が沸き立って来るが、大編成のオーケストラで演奏された劇場での実演はどんなにかファンの心を踊らせ鷲掴みにしたことだろう。

この『ベラ・ドンナ』公演中、第六景「宴会場」に出演した八人の生徒が築地警察署に呼び出されて始末書を書かされる事件が起きた。本来は腹部が露出する部分にヴェールを身に着ける衣裳を着用するはずであったが、初日に衣裳が間に合わず腹部が露出したまま出演。それが問題視されたための警察署からの呼び出しであったが、これも今となっては微笑ましい事件ではある。

補足ではあるが、『ベラ・ドンナ』事件から一年数か月後の一九三六（昭和一一）年一〇月一三日、興行関係者・舞踊関係者には以下のような御触書きが警視庁より通達されている。

近時レブュー、ヴアライテー其ノ他ノ實狀ヲ見ルニ徒ラニ劣情ヲ刺戟シ性的魅惑ヲ誘スルモノ或ハ不健全ナル廢頽的興趣ヲ唆ラントスルモノ著シク増加スルノ傾向アリ現下國多難ノ折柄官民共ニ緊張要スヘキ秋ニ當リ之ガ匡清淨化ヲ圖ルノ必要有之モノト被認候條爾今左記事項守相成度

記

一、漫才、歌謡、漫談等之ニ類スルモノハ筋書又ハ歌詞ヲ許可願出ノ際提出スルコト
二、胸腹部ハ乳房以下ノ部分露出セシメザルコト
三、「フラダンス」又ハ「ルンバ」等其ノ他ノ名稱ノ如何ヲ問ワズ殊更腰部ヲ分的ニ前後左右ニ振ル所作ハ爲サザルコト
四、日本服ノ踊ニシテ殊更下着、蹴出シ又ハ太股ヲ觀客ニ現ス如キ所作ハ爲サシメザルコト
五、前各號ノ外公安ヲ害シ風俗ヲ紊ルガ如キ言辭、歌詞、所作、服装ヲ爲サシメザルコト

このようにして規制は厳しくなり、各劇場には警察官や憲兵が座る臨検席（臨官席とも）が設けられて抜き打ちで公演を観に来たことは、戦前の舞台を語るうえで書き落とすことのできない部分である。

話をもとに戻すと、この公演中の二月一二日からは小野小夜子以下二十一名が台湾公演に出発しており、台北、基隆、新竹、台中、嘉義、台南、高雄、屏東、宜蘭などを巡演し三月二二日に帰京した記録も残されている。

愛新覚羅溥儀来日と『世界の満洲国』

そして台湾公演から帰京した女生徒が加わって、三月二八日から新宿第一劇場で行われた公演が、満洲国皇帝御来朝記念『世界の満洲国』（十景）、グランド・オペレッタ『シャンソン・ダムール』（七景）、第六回『東京踊り』（十一景）というものであった。『東京踊り』で歌われた『恋人同志でも』（安東英男・作詞、田代与志・作曲）は水の江によってレコーディングされて発売されたが、軽快なメロディがファンに親しまれて、戦後まで「イエス　イエス」の通称で愛された水の江を代表する楽曲となっている。

また、満洲国皇帝である愛新覚羅溥儀は初の外国訪問として四月六日に横浜港に降り立ったため、実際の来日より先駆けて『世界の満洲国』は上演されているが、いかに愛新覚羅溥儀の来日が当時の日本人にとって大きなものだったか想像に難くない。

当時の歴史を反映した作品として興味深く思われる読者の方も多くいらっしゃるだろう。当時のプログラムから景のタイトルを抜き出してみると、序楽として『東方開顕（綏除調）』が演奏され、第一景「建国縁起」、第二景「歓禧」、第三景「慶祝」、第四景「新飾新京」、（第五景の記載なし）、第六景「日満親善」、第七景「建設（映画）」、第八景「飛龍吉祥」、第九景「五族協和」、第十景「繚乱萬華」で、水の江や小倉みね子は出演をしていない。主題歌として『光は東方より』（田賀甫・作詞、仁木他喜雄・編曲）、『桜と蘭』（田賀甫・作詞、佐藤清吉・作曲）が作られ、コロムビアよりレコードも発売されている。

このときの公演について、当時刊行されていた『舞踊新潮』（一九三五年五月号）には

「世界の満洲國」という小レビュウがあるが、これは時局物としてはスピーデイで纏つてゐてこれだけ出

来れば良いと讃めたいものであつた。

と批評が掲載されている。

続いて五月からの新宿第一劇場における公演では、ロマンス『士官候補生』（四景）、バレエ『エジプト』（三景）、歌舞伎レビュー『夏の踊り』（八景）、グランドレビュー『ローズ・マリー』（十五景）の四作品が上演されており、ここで上演された『夏の踊り』が松竹少女歌劇団における第一回目の『夏の踊り』となった。また『士官候補生』は築地小劇場出身の新劇女優で松竹少女歌劇団の演技指導も行っていた東山千栄子が初めて演出をした作品であった。そしてメインであるグランドレビュー『ローズ・マリー』は戦前屈指の名作とされた作品で、水の江の後援会誌『タアキイ』（一九三五年七月号）によれば、この公演の客席にはレビュー評論家の蘆原英了のほか、宝塚少女歌劇団の演出家である白井鉄造が春日野八千代ら数人の宝塚の生徒を引き連れた姿が見られたという。

当日の舞台の様子も『タアキイ』には、

ターキーは先ず、最初瀟洒な背廣服で廻轉扉の中から颯爽と躍り出て來る。それからわれわれはスマートなタキシード姿、軍服姿のターキーを見る。またジョージ・ラフトが「ルムバ」で来てゐたと同じやうなルムバ・コスチュームのターキーに蠱惑を感じる。

と記されており、客席の蘆原は「僕は初めて松竹レビュウに好意を持ちましたね。第一構成が素直で綺麗で、いゝレビュウですよ。それにまたターキーがひどくいゝぢゃアありませんか。このレビュウの半分位の樂しさはターキーのお蔭だと云つても過言ぢゃありませんね」と語り、白井は「ターキーつて愈々いゝ子になりましたね。昔つから好きなんだが、この作では殊にターキーが光つてゐますよ」と語ったという。

この頃から水の江の演技力も高まったという記述がみられ、それは水の江が師とした青山杉作への傾倒や信頼も大きく関係したことだろう。また観客の少ない日や千秋楽が近づいて、全体的に出演者の気持ちが緩むタイミングであっても、水の江は一切手抜きをせず舞台をつとめたと伝えられており、それも観客の心をつかむ大きな要因ではなかっただろうか。

その水の江をはじめとして当時一流の舞台関係者が集結していた松竹少女歌劇団には、さらに新しい才能が集まって舞台は洗練され、レビュー史に残る名作を立て続けに世に送りだすこととなる。

八月からの新宿第一劇場における新秋公演では、オペレッタ『陽気なホテル』（二景）、バレー『ラ・メール』（三景）、カブキ・レビュー第四回『秋のおどり』（八景）、グランド・レヴュー『スヰート・シスター』（十九景）を上演。『スヰート・シスター』では主題歌『花よ語れよ』『白薔薇の唄』『ポエマ』『ニュー・キューバンリズム』の四曲がレコード発売されているが、このなかで江戸川蘭子がレコーディングした『ニュー・キューバンリズム』以外の三曲は水の江瀧子がレコーディングを行っている。ターキー人気にあやかったとも思われるが、『ポエマ』は当時大流行していたタンゴ曲で水の江のほかにも淡谷のり子やディック・ミネ、マリ・イボンヌなどジャズを中心に歌っていたレコード歌手らによって好んで歌われた楽曲であった。

続いて一〇月からはオペレッタ『中尉さん行進』（三景）、バレエ・スイート『カルメン』（二景）、歌舞伎レビュー『忠臣蔵』（十二景）、グランド・レヴュウ『ロザリア姫』（十八景）が上演されている。この公演に先駆けること約一か月前の九月一五日、有楽町にすでに開場していた日本劇場において日劇ダンシングチームが結成されることとなり、その第一期生の公募テストが行われたのであった。日劇は東宝系であるため、言わば宝塚少女歌劇団とは系列劇団となるわけで、松竹にとっては強力なライバルがまたひとつ増えたかたちとなった。

それだけであれば問題はないが、周囲を驚かせたのは松竹楽劇部の時代から自らも舞台に立った振付師の益田隆と演出を担当していた佐谷功が引き抜かれたことであったろう。

益田の振付については、

益田隆君の男役の振附は女に對して過度な動きを要求してゐる。益田君は自分が踊りたいだけを、タアキイに踊らせてゐる。タアキイが益田君の代わりをやつてゐる譯である。併し、益田君とタアキイの間には先ず男と女と云ふ違ひがある。それに依つて起る體力の相違、肉體上の相違。生理的な相違と云ふものを見逃すことは出來ない。（『舞踊新潮』一九三五年九月号）

と評論家の蘆原英了が書いているが、いずれにせよ東京松竹の礎を築いたひとりが同じく振付師の青山圭男が外遊中に引き抜かれてしまったことはショッキングな出来事だったろう。実際に『舞踊新潮』（一九三五年一〇月号）には「益田隆の脱退」のタイトルで「永年松竹少女歌劇團に在つて活躍してゐた益田隆が突如、松竹を脱退して東寶に入社したことはセンセエショナルな問題であつた」と記されていることからも容易に想像することができる。

日劇ダンシングチームの登場

そもそも日劇ダンシングチームは、一九三五（昭和一〇）年八月に外遊の旅から帰国した東宝取締役・秦豊吉が、ニューヨークにあるラジオシティ・ミュージックホールのロケッツ・ガールにヒントを得て翌九月に結成したチームであった。

松竹少女歌劇団や宝塚少女歌劇団と決定的に異なるのは、男女混成のチームであること、そしてスターを作らない「全員一致する群団主義」を掲げたことである（後年にトップスター制度を取り入れている）。

指導者としては秦のほか宝塚少女歌劇団で演出を行っていた岸田辰彌、黒崎清、歌手の内本実、舞踊家の藤田繁（歌手・尾崎紀世彦の実父）、上野勝教、そして益田隆、佐谷功が、初舞台に向けてわずか三か月の短期間でレッスンを凝縮。そのレッスンは朝九時から夕方五時まで猛烈をきわめたといい、早速、同年一二月に日本劇場で行われた「日本ビクター演芸大会」のなかで上演された「木の兵隊」「タンバリン・ダンス」が日劇ダンシングチームの初舞台になっている。このときは「ビクターダンシングチーム」という名称であったそうだ。

そして一九三六（昭和一一）年一月には、第一回公演『ジャズとダンス』（九景）で本格的な活動が行われていくこととなるが、この時点では「東宝ダンシングチーム」と名乗っており、日劇ダンシングチームと名称を改めたのは一九三六（昭和一一）年六月からのことであった。

この第一回公演『ジャズとダンス』の出演者は橋本与志夫によれば二十一人で、外山いし子、長部千鶴子、三浦光子、沖蘭子、千葉静子、中右須磨子、仲井せい子、巌きみ子、小山キヨ子、落合菊江、岸野恵美子、玉川翠、坂本八重子、柴田早苗、須田圭子、田中千代子、福本泰子、若山博子ほかが舞台に立ったという。なお、この中の三浦光子は後に松竹キネマに移籍し映画女優として名を成し、小山キヨ子は女優・タレントとしても活躍した丹下キヨ子の若き日の芸名である。

『舞踊新潮』（一九三六年二・三月合併号）で評論家の飯島正は「見世物談義」という一文を寄稿しているが、そのなかには

日本劇場で東寶ダンシング・チイム第一回公演といふのを見た（中略）思つてゐたより、ずつとうまいと

思つた。ともかくこれなら、ミュジカル物にはめ込んでも、立派に通用するダンシング・チイムだと思ふ。（中略）益田隆の振附は、まづ、松竹少女歌劇を思はせ、それをそのままに純粋にしたやうなところが、甚だ愉快に思はれた。最近、ダンシング・チイムのガアルズの意氣が、何となく各方面に沈滞してゐるやうに思はれる現在、この東寶チイムが、元氣よく、足並みそろへて、舞臺を蹴つてゐるのは非常に心強い。

とある。また同誌の同号には評論家・岡田七郎による「一月―二月 東都スペクタクル」という寄稿があり、

初出演の東寶ダンシングチームはタップとマーチとタンバリンの三つを踊るが、丹精の甲斐あつて、トルウプとしての統整も良く取れ技術も相當なものである。寶塚少女歌劇のだらしないダンシングチームなど此の妹達の一絲亂れず揃ふ群舞に恥じて良からう。只踊り子の盡く、餘りに「少女歌劇」的に慎ましく踊るのには困る。此處のダンシングチームなど、少女歌劇には見られないコケットリイを具へてこそ存在理由が有るのであらう。

とも記されており、当時の評論家たちは日劇ダンシングチームには少女歌劇的な世界観ではない「大人のレビュー」を期待していたことが分かる。

このようにスタンスは違えども、松竹少女歌劇とともに東京を代表するレビューとして昭和の時代を豪華に飾り、良きライバルとして長きにわたってお互いを意識してくこととなる。

では、ここで一九三六（昭和一一）年正月からの松竹少女歌劇団の公演に話を戻そう。

一九三六（昭和一一）年正月も京都南座の舞台からはじまっており、演目は昨年秋に新宿第一劇場での公演を持ってきたわけであるが、ここでは『ハロー京都』『さよなら京都』という御当地ものを上演している。

この『さよなら京都』では、先年公演されて好評を博した『巴里・モンテカルロ』の主題歌のひとつであった『グッドバイ・マイディアー』の替え歌が歌われた。

歌詞は「またそのうちにお目にかかりましょう　お別れするのはつらいけれど　さよならと言ってもごく少しの間　またそのうちにお目にかかりましょう」というもので、宝塚少女歌劇の『さよなら皆様』を彷彿とさせるが、こちらの方が数年早い。

この歌は通称「さよならソング」として翌年の大阪公演時には『さよなら大阪』のタイトルで歌われ、以後、近年までＯＳＫ日本歌劇団のスター退団時や公演の千秋楽、イベントの閉会などで長く歌い続けられる楽曲となった。

そして京都公演を終え、二月二六日から新橋演舞場での公演が待ち構えていたが、東京としては珍しく大雪が積もったこの日こそ「二・二六事件」の当日だったのである。

このために初日を二日延期して二月二八日からの公演とし、バレエ『サドコ』、グランド・レビュー『上海リル』（十二景）、第七回『東京踊り』（十六景）が上演されたが、この公演が不評に終わったのは残念なことであった。『上海リル』は、一九三三年に公開されたアメリカ映画『フットライト・パレード』の主題歌のひとつで、日本ではディック・ミネや川畑文子らのジャズ歌手によってカヴァーされた人気曲であったが、その楽曲のタイトルをそのまま使用する形をとっている。『舞踊新潮』（一九三六年四月号）で、評論家の塩入亀輔は

題材はエノケン一座向きのもので、若し原作脚色が良く出來てゐた所で、少女歌劇向きのものでは無い。

そこへ持つて來て其のテキストの出來が悪いから尚更困りものである。筋だけでも通つてゐず、それに劇、音楽、舞踊のコンテイニユイテイが殆ど出來てゐないと云つて良い。

と書き、同号に掲載の「春のレヴュウ短評」（佐藤邦夫）も

始めから終りまで、遂に、何の話か判らなかった。部分的には、青山杉作氏の老練な演出を見られるのであるが、かう筋が通らないオペレッタと云ふのも珍しい。（中略）良いのはターキーのスマートネスであるが、これとても、何時も同じやうに、演出されるので、彼女の將來を、危ぶみたくなる。ＴＳＳＫはターキーをもっと大切に使はなくては駄目である。

と辛口の批評を寄稿している。当時の評論家たちからの意見だけではなく、例えば水の江の後援会誌『タアキイ』（一九三六年五月号）にでさえ「三月公演のグランド・オペレッタレヴュウ『上海リル』は實につまらぬものでした」と書かれている。

第七回『東京踊り』も同様で、『タアキイ』の同号には、

「取りえがない」と云ふのが、今度の東京踊りを云ひつくした言葉でせう。それだけに何の印象も残らないのですが、ファンなるがために、ターキーあるがために、ある程度樂しめはしましたが。

とあり、『舞踊新潮』（一九三六年四月号）に山田八郎は「東京踊りは何處へ行く」と題した一文を寄稿し、ここでは

舞台機構に恵まれてゐる新橋演舞場でこそと、期待されてゐたにもかゝはらず印象に残る様な装置もなく、快き音樂的な興奮にも貧しく、台本に去勢されてしまつたらしいが、いづれも近年にない低調である。あゝ、東京踊りよ何處へ行く。再び更にかゝる作品を反覆されるならば、過去の名譽にかけて、第七回を以て終曲とすべし。

と手厳しい。

そのなかでも『東京踊り』主題歌としてレコードも発売された『この氣持ち悪くない』は水の江の代表曲のひとつとなり、また嬉しい出来事としては三月二一日に振付師の青山圭男が帰国。ここから振付師・青山圭男の本領発揮の時代に突入し、新たな松竹少女歌劇のカラーを打ち出して一時代を築いていくこととなる。

さらに、ここで関係者やファンに大きな希望を与えたこととして、三月九日に国際劇場の地鎮祭が行われたことが『少女歌劇』（一九三六年三月号）で伝えられている。国際劇場の構想は『少女歌劇』（一九三五年一一月号）ですでに説明はされているが、ここに来て本格的に動き出したことは何よりうれしいことの一つではなかっただろうか。国際劇場の開場時については、別項を設けているので参照されたい。

そして四月からの新宿第一劇場の公演ではミュージカル・プレイ『ピーター・パン』（十景）、日舞バレエ『べにむらさき』（一幕）、グランド・レヴュー『リオ・グランデ』（二十景）が上演され、ことに『リオ・グランデ』は青山圭男の帰朝後初の振付作品として華々しい公演が行われた。

大人気を得た『リオ・グランデ』

『リオ・グランデ』は大木弱九の原案をレビュー化したもので、ニューヨークのレビュー作家であるリチャード・スミス（演じるのは水の江）をめぐる物語。スミスが手掛けるレビュー作品『美しき星』のフィナーレシーンから舞台の幕は開く。劇団のスターであるビアトリス（江戸川蘭子）がハリウッドへスカウトされてしまうのを惜しんで、最後に仲間たちとメキシコへ旅に出るが、その途中でスミスは殺人犯のリオ・パルセーロと間違えられてしまい、エル・パソという田舎町の警察に連行される。しかし身分証があったために釈放されたが、気が晴れないスミスは地元のキャバレーに行くと、ここで美しいロリタという踊り子（演じるのは小倉みね子）と知り合う。ロリタは殺人犯リオの妹で、自分のために罪を犯して逃亡した兄と生き写しのスミスを見て思わず声をかけたのであった。しかし人違いであることがわかり、その身の上に同情したスミスはロリタに思いを寄せるようになる。ここで水の江と小倉が踊ったタンゴが、作品の中で最大の見せ場となった。

一方、ハリウッドへ行ったビアトリスはエル・パソの街へロケーションのために訪れていたが、そこでロリタの兄リオと出会い、こちらも二人は恋仲となるのであった。

そして、この公演で話題となったのが、生き写しのスミスとリオがエル・パソのホテルで出会うシーンである。水の江の早替り二役という楽しいシーンであるが、吹き替えを行ったのは川路龍子であった。その後もいくつもの事件が巻き起こるが、最後リチャードはロリタという踊り手を得てニューヨークへ戻り、メキシコ風レビューを上演。リチャード自らも劇団のスターとして舞台に立ち、そのステージのフィナーレシーンが、この『リオ・グランデ』のフィナーレというものであった。

一部の評論家からは前回の『東京踊り』から変わっていないと厳しい声も聞かれたが、作品全体としては水の江にうってつけの役であり、贅沢な衣裳や舞台装置で好評を得た作品となった。

また、この公演が行われていた六月一一日に昇級と編制替えが発表されており、それまで舞踊科、演劇科、声楽科と分かれていたものを専科とひとまとめにし、新たに準専科が新設されたのである。このとき、春岡すみれ、三橋蓮子が日劇ダンシングチームに移籍し、男役であった竹内京子（以前の大東京子）も退団している。『舞踊新潮』（一九三六年七月号）には「不平組には東寳入りを決心した者も相當ある見込みである。それにしても三橋蓮子をひつこぬくのは愚である」と記載されている。三橋はその後、日劇を代表するダンサーのひとりに成長する。

名作『わすれな草』の上演

そして七月からの東京劇場での公演では、オペレッタ『サンマー・ローズ』（三景）、歌舞伎レビュー『夏のおどり』（十二景）とともに、青山圭男によって新たな方向性を描き出された作品、期待のグランド・レヴュウ『わすれな草』（脚本・演出・振付、青山圭男）が上演されたのであった。

『わすれな草』稽古中に青山圭男に対して行われた一問一答が『舞踊新潮』（一九三六年七月号）に掲載されているが、青山は「少女達だけの力で無理なく表現出來るもの、少女だけの感情で觀て素直に判るものと言ったものをねらつてゐる譯です」と語り、今までと違う点について「芝居を出來るだけ制限して、歌と踊りを豊富にした點でせうかね」と答えている。一方では、少女歌劇では自分の芸術的良心に背いたことも行わなければならないことを吐露し、そのような状況下で益田隆が東宝へ移籍したことを擁護しているのも興味深い。ここに掲載された青山の言葉を読むと、本来成すべき自らの芸術の完成は別として、いかに少女歌劇に徹するか、青山なりの答えが『わすれな草』に反映されたと解釈ができる。

この『わすれな草』で、青山圭男はセンチメンタルで優美な少女歌劇的世界を野心的に描き出し、作品への期待も高まっていたためにいつも以上にレビュー界に話題を振りまくこととなった。

『舞踊新潮』（一九三六年八月号）では「松竹少女歌劇団検討特集」が組まれており、『わすれな草』公演後に掲載された匿名座談会では、

E　圭男は少女歌劇では「自分」が出せないと言つてゐるんだ。併し「わすれな草」では、さう言つた不満を忘れて全力的に少女歌劇を作らうとしてゐる。

I　といふと圭男は非常に良心的に、あれを作つたわけだね。

E　純粋な少女歌劇を作らうとしたんだ。自分の藝術を捨てゝね。ところが實は圭男の本質的なものが、少女的なものだつたんだ。そこで尚更、この少女歌劇が少女趣味になつてしまつたと僕は思ふ。

と考察されており、同『舞踊新潮』（一九三六年八月号）によれば、作家で演出家の村山知義は「ＳＳＫ最大の傑作」と寄稿し、一方で蘆原英了は「不思議な作品」「狂はしき作品」と酷評したといい、ここまで評価が左右される作品も珍しいと岩附秀一郎は書く。

しかし岩附は冷静で、

従來のオペレット形式から、飛躍的に發展段階を示し過ぎた結果、「少女歌劇的バレー」と呼び「バレー風演出」「オペレット風演出」と云ひ、その觀賞的態度の相違點に胚胎してゐるやうに見受けられる。（中略）兎も角オペレットの新しい形式が見出されたといふ事は少女歌劇の前途が祝福されていゝ、此の意味に於て「わすれな草」は全く野心的な存在を示すものと云はざるを得ない。（『舞踊新潮』一九三六年八月号）

とも書いている。

現在この舞台を見ることができないため想像することしかできないが、いぜれにせよここまで評論家たちをざわつかせた作品はそれまでにないものであった。それは松竹少女歌劇団の作品の進歩ともいえ、またレビュー評論が確立し、若き評論家たちが登場したタイミングで恰好の評論対象となったのが『わすれな草』だったのかもしれない。なお同年公開の松竹映画『男性対女性』(島津保次郎・監督)のなかでは『わすれな草』の記録映像が映画のシーンとして取り入れられており、当時の舞台の様子を断片的に映像で見ることはできる。

この問題作は八月一日から大阪歌舞伎座でも上演されており、当初は観客の入りを懸念されていたが心配をよそに興行成績は上々であった。なお『わすれな草』は松竹歌劇史に残る傑作のひとつとして、一九四二(昭和一七)年九月に国際劇場で上演された『懐かしの歌ふ松竹レヴュウ史』(十六景)のように、後年思い出の名作レビューを一部抜粋して上演する場面では必ずといっていいほど取り上げられる作品となった。

九月二七日から一〇月二六日までは新橋演舞場で、オペレッタ『うそ倶楽部』(三景)、日舞バレエ『十六夜』(三景)、グランドレビュー『ロマンス・パレード』が上演され、一一月二〜四日には第四回「ターキーまつり」が行われている。この公演ではシャンソン『プリンス・マカロニ』、バレー『クランチス』(五景)、バラエティ『スゥイング・ターキー』(二十一景)と三つの出し物が上演されており、石上都、長門美千代、天草美登里、富士峯子、青葉照子、春野八重子ほか、川路龍子、紅十六、對馬洋子、伊澤蘭子、荒川おとめら将来を嘱望されていた下級生たちも数多く出演。特に『スゥイング・ターキー』は豪華な作品で、タップダンサーのジョージ堀が振付師として参加したほか、演出として青山杉作、青山圭男、舞台装置の三林亮太郎が名を連ね、振付師として参加している益田隆もこのときばかりは水の江とともに演者として舞台に立っている。なお二・三日は新橋演舞場、四日は日比谷公会堂で公演が行われたが、「ターキーまつり」はこの第四回を限りに終了している。(前年一〇月に第三回「ターキー祭り」が開催されている。本格的な公演は第三回からであったという。)

そして一二月五日からは東京劇場において、プレゼント『王女とペエテル』(十景)、歌舞伎レビュー『娘気質江戸八景』、グランドレビュー『ラ・グラナダ』(二十景)が上演、『ラ・グラナダ』では草間光子がヒロインとして抜擢されて注目を浴びたほか、宇佐美一が初めて大レビューの舞台装置を担当して成功をおさめている。

東洋一の大劇場・国際劇場の落成

松竹歌劇団といえば通称「浅草国際劇場」(正式名称・国際劇場)であるが、国際劇場建設が具体化し情報解禁・着工が行われたのは一九三五(昭和一〇)年のことであった。

当初の報道によると「ラジオ・シテイを凌ぐ期待のユートピア　国際劇場」(『少女歌劇』一九三五年一一月号)とあり、当時の住所、浅草区新谷町奉龍寺跡地の約二千坪という広大な土地に、定員七千人が収容できる劇場を建設するとして発表されたのであった。

当時を知る浅草文化研究の鈴木としお氏からは「当時は原っぱで、私たち浅草の子どもたちは草野球なんかをやっていました。みんなの遊び場だったんですよ」と伺ったこともある。

そんな国際劇場の開場記念公演が行われたのが一九三七(昭和一二)年七月のことで、発表当初の外装デザインとは大きく異なったものとなり、定員は三千八百六十席と規模縮小となった。しかし補助席や立ち見を含めると五千人を収容できる劇場は日本で比類ないもので、閉鎖されるまで「東洋一の大劇場」が国際劇場のうたい文句となった。

当時頒布された国際劇場開場記念公演のプログラムはB5サイズの豪華版で、ライオン歯磨、アサヒビール、ヘチマコロン、オリエンタルフィルム、日産、コロムビアレコード、東武電車、日東紅茶、クラブ歯磨・美身クリーム、など一流企業の広告が掲載されている。

このプログラムには松竹社長・大谷竹次郎の挨拶が掲載されているので、ここに一部を引用したい。

> 帝都娯楽の中心地、淺草に一年有半の歳月と巨額なる費用を投じて、世界三大劇場の一として豪壮華麗を誇る「國際劇場」も茲に皆様の絶大なる御聲援を得まして滿都の待望裡に開場の日を迎へる事が出來ましたことを深く感謝致します。（中略）
>
> 三年後には第十二回オリムピック大會及び萬國博覧會等、我國には多くの國際的催しものが控へてゐる秋に當つて世界三大劇場の一つである國際劇場を東京に建設し得たといふ事は、國際文化發展の爲に重大な使命を果し得るものと信じます。（以下略）

と記載されている。

結局、東京オリンピックも万国博覧会も戦争のために延期となってしまうが、ここに一大スペクタクルが生まれたことに変わりはない。

この国際劇場開場記念公演のプログラムは開場記念レヴュウ『壽三番』（三景）ではじまり、グランド・オペレッタ『グリーン・アルバム』（十二景）、グランド・レヴュウ『国際東京踊り』（二十一景）で、毎日一時・六時からの二回公演、観劇料は五十銭、一円、一円五十銭（当初は全席指定席）となっていた。

開場当時の国際劇場（1937年）。（筆者蔵）

『国際東京踊り』ではステージ上に日産自動車のニッサン号（実物）を六台登場させ、いかに間口が十五間、奥行きが八間のステージが広いかを見せる演出でもあったのだろう。

　これは余談となるが、歌手の藤山一郎は国際劇場公演のリハーサル時には、袖からセンターマイクまで何歩でたどり着けるか必ずチェックを行ったという。それはステージが広いため、前奏のどの部分で舞台に登場するか計算をしておかないと、センターマイクまでたどり着く前に歌が始まってしまう可能性があるためであった。

　それほどに広大な国際劇場であったため、水の江瀧子をはじめとして多くの関係者たちからの不評が目立っていることも無視することはできない。

　なお、この国際劇場開場記念公演では、第四回卒業生の曙あをみ（のちの曙ゆり）、小月冴子、御舟京子（のちの加藤治子）、並木路子、大国阿子が初舞台を踏んでいる。曙によれば、入団当時の月給が十五円で一日の出演手当が五十銭だったそうだ。

　公演の主題歌としてコロムビアレコードより『真珠を

どり（春野八重子）／久壽珠の唄（オリエ津阪）』、『戀の秘訣／ヴキオロンに寄せて』（水の江瀧子）などが発売されており、舞台装置家で美術部長でもあった三林亮太郎はこの公演中に渡欧している。

九月一日からは海外へ輸出される日本製品をテーマにしたレビュー『メイド・イン・ニッポン』（十一景）、歌舞伎レビュー『秋の踊り』（十景）、グランド・レヴュウ『祖国』（十七景）が上演され、特に『祖国』では水の江が女性を演じたことが話題となり、また第四景と第十三景では劇中用に収録した映画を上映して話題となった。

一方、国際劇場の開場で沸き立っていた歓喜ムードとは裏腹に、一九三七（昭和一二）年七月七日には盧溝橋事件が勃発。これをきっかけに日中戦争から太平洋戦争、一九四五（昭和二〇）年の敗戦まで長期にわたる戦争時代へと突入する運命の分かれ道となってしまった。一九三七（昭和一二）年時点ではモダン文化花盛りでジャズや贅沢なレビューが満載となっているが、時代が進むにつれて華美な文化の象徴でもあるレビューは弾圧の対象となり、少しずつ作品内容や規模などに変化がみられるようになる。そして結果的に戦時色に染まってしまうことは、追々説明することとなる。

一〇月公演は大阪松竹少女歌劇の国際劇場初出演『国際大阪おどり』（十二景）が行われ、一一月七日から歌舞伎レビュー『道成寺絵巻』（十景）、舞踊組曲『ますらを』（七齣）、グランド・レヴュウ『青い花』（二部二十景）が上演されたが、舞踊組曲『ますらを』は早速日中戦争の様子を取り入れた作品とされている。青山圭男が振付を担当したもので、水の江をはじめ小倉みね子、富士峯子、三田絹代、南里枝、天草美登里らスターたちが出演。各齣で使用された曲の歌詞はそれまでにない悲壮に満ち溢れたものであった。

作詞者の名は確認できないが、例えば第二齣「躍進」では「天に代りて不義を討つ　わが精鋭の往くところ常勝皇軍の威武は奮ふ　今ぞ東亞は危機に在り」という歌詞ではじまり、第三齣「慈光」での歌詞の冒頭は「いとしの夫よ兄弟よ御国の爲に勇ましく鉾を手にとり戰ひの庭に莞爾と出で給ふ」となっており、まだ日本の勝利を信じていた時代の典型的な作品だったといっていいだろう。『青い花』は賛否両論を巻き起こした意欲作で、水の江演じる若き作曲家のフランツ・ウォルフは、公園で見かけた美しい令嬢（小倉みね子）に恋をし、「青い花」と題する愛の歌を作曲する。そして後日、彼女を追いかけるうちにその楽譜を紛失してしまうが、その楽譜が巡りめぐって男爵が主宰する歌劇団で使用されることになったため作曲者の捜索が行われたのであった。そしてフランツと歌劇団の歌手・アロイジャ（春野八重子）は会見し「青い花」を作曲した経緯を知ることとなるが、その美しい令嬢はすでにこの世の去っていた、という物語であった。歌劇団を主催するグスタフ・フォン・レーベ男爵を演じたのはオリエ津阪で、オリエがレコーディングした主題歌『踊れ！ほがらかに』（佐久間茂高・作詞、田代與志・作曲）は服部良一が編曲で加わっている。

忍び寄る戦争の足音

続いて一九三八（昭和一三）年初春公演は国際劇場で幕が開き、二月一一日からは京都南座における公演が行われ、この際に上演されたのがグランド・レビュー『はるのおどり　松竹娘祭り』（二十景）などであった。この『松竹娘祭り』は「優れたアイディアや見事なモンタージュによる場面転換など、ＳＳＫの誇る日本物レヴュウ中の一つの佳作でした」（『松竹少女歌劇物語』）と記録されているが、この作品から戦時中にはお決まりとなった国民歌『愛国行進曲』が初登場。

この『愛国行進曲』（森川幸雄・作詞、瀬戸口藤吉・作曲）は一九三七（昭和一二）年に公募が行われ、その年の暮れに各レコード会社よりレコードが発売されたのを皮切りに、以後敗戦まで国を挙げて演奏され続けた国民歌であった。『松竹娘祭り』では最後の第二十景タイトルが「愛国行進曲」となっており、将校、兵士、角兵衛獅子、子ども、白虎隊、町娘など各景で演じた扮装のまま生徒たちは舞台に登場している。

モダン文化の華は咲きつつも、国民は戦争に対する緊迫感を与えられており、三月から国際劇場で行われた櫻花特別公演ではバレー『祖國のために』(三幕)、ミュージカルファース『スプリング・タイム』(九場)、第九回『東京踊り さくらかちどき』(二十景)を上演。『祖國のために』は舞台こそ日本ではないが戦地へ赴く出征兵士と家族、村の人々の姿を描いた作品で、当時の観客はどのような気持ちでこの作品を鑑賞したのだろうか。そして『東京踊り』は第一景、そして二景と「愛国行進曲」の合唱からはじまり、第四景では『進軍の歌』(陸軍戸山学校軍楽隊・作曲)、第七景では『戦捷ざくら』(久保田宵二・作詞、古関裕而・作曲)が歌われる一方、半ばの景ではジャズやシャンソンが使用されており、荘厳な雰囲気から明るいステージへと転換しレビューとしての醍醐味も織り込んだ作品だったようだ。

また同じ三月、松竹本社の機構改革のために新たに「松竹歌劇部」が創設されて、松竹少女歌劇と大阪松竹少女歌劇団は一元化された。初代部長を大谷博として、理事長が蒲生重右衛門、理事に青山杉作、青山圭男、江川幸一、大阪支部長が柳三郎という顔ぶれで、以後東西合同公演が積極的に行われることとなる。

ジャズと戦時歌謡の狭間で

五月二八日からは国際劇場でバレエ『ワルツの流れ』、レビュー『国際踊り 日本むすめ』(十二景)、そして『忘れな草』の続編としてグランドレビュー『永遠の平行線』(二十景)の上演。七月からは帝国劇場において松竹少女歌劇グランギャラとして舞踊譜『夏姿 白井権八』(一幕)、オペレッタ『シャポー・プランタン』(五景)、グランドショウ『ストロー・ハット』(十七景)が上演されており、ここで初めて「ショウ」という言葉が使用されている。『夏姿 白井権八』では権八をオリエ津阪、小紫を小村雪子が演じており、『シャポー・プランタン』はかつての人気を集めた作品の再演であった。『ストロー・ハット』は新たに旗揚げされた男女混成のショウ劇団・

帝国劇場『ストロー・ハット』(1938年)の一場面。中央が水の江瀧子。(筆者蔵)

松竹楽劇団と全面的にコラボした作品で(松竹楽劇団については別項コラムで解説する)、ここでは松竹楽劇団主軸女性メンバーの笠置シズ子、天草美登里、石上都、長門美千代が大活躍するステージであった。

ここに景のタイトルを挙げると、第一景「ミューヂック・ゴーズ・ラウンド」、第二景「ラッキー・ボーイズ」、第三景A「スリー・スタイル」、第三景B「マイ・ブルー・ヘブン」、第三景C「ユー・アー・ザ・ソング」、第四景「チェリー・サウンド」、第五景「オー・モナ」、第六景「ミューヂカル・シルエット」、第七景「ムーンライト・アンド・シャドウ」、第八景A「ブルース・イン・シー」、第八景B「フラタリング・ワルツ」、第九景「ブラック・アイズ」、第十景「エレガント・コスチューム」、第十一景「コンガ」、第十二景「フェスト」、第十三景「ミアマド」、第十四景「ウーデン・ホース」、第十五景「ハーレム」、第十六景「ハッピー・フェロー」、第十七景「ストロウ・ハット」というもので、景のタイトルでどのような楽曲を使用したのか、どのような舞台だったのか雰囲気は伝わるだろう。

そして七月三〇日から行われた大阪歌舞伎座公演では東西合同としてミュージカル・ファース『スプリング・タイム』（八場）、グランド・ショウ『ストロー・ハット』（十八景）、グランド・レビュー『祖國』（十五景）と最近公演で好評を博した三作を取り上げており、『ストロー・ハット』に関しては帝国劇場での上演時のように松竹楽劇団の特別出演はなく、大阪松竹少女歌劇団の男役スターであったアーサー美鈴が水の江、南里枝とともに三人の青年役を演じている。なお、この公演には下級生時代の京マチ子の名前も確認することができる。

また天草美登里、石上都、長門美千代らのスターダンサーたちが松竹楽劇団に移籍。新しい国際劇場を本拠地として公演を行っていくなかで新人スターたちの登場が心待ちに待たれたが、この頃に頭角を現したのが對馬洋子、伊澤蘭子、歌上艶子、辰巳千春、宮川孝子、星光子らで、ほかに技芸員ベストテンとして銀座環、鈴木輝子、津田せい子、小村雪子、山村邦子、葉山容子、四條公子、暁照子、春風美佐子、彌生京子の名が並んでいる。彼女たちの活躍が目立っていたことが当時の機関誌『少女歌劇』に記載されて、劇団旗揚げ当時からの揺るぎない水の江と主役級のスターたちのほかにも若い才能が育っていた。かたや、スター候補生であった男役の吹雪美奈子がこの年の一〇月二三日に亡くなり、悲しみに包まれたことも書き添えておきたい。

少し遡るが同年五月九日には愛国婦人会松竹少女歌劇団分会が発足しており、女生徒の全員が愛国婦人会に加入。星光子が表紙を飾る『少女歌劇』（一九三八年七月号）のページめくって見ると、華やかなスターのグラビアや公演案内のなかに「戰地の父兄を想ふ」というページが登場し、兄が兵士として出征していた水の江を筆頭に、夕月淺子、伊丹陽子、目白乙女が寄稿している。これらの記事を読むと、戦争が遠くのどこかで起こっているものではなく日常生活と隣り合わせになっていたことが伝わると同時に、水の江ら生徒たちが戦意高揚に利用されたのではと思うところがある。

このような変化を遂げていく九月三〇日からは東西合同公演として『秋のをどり』（十二景）、『ラッキー・ゴーズ・ラウンド』（十四景）、『世界に告ぐ』（十二景）が国際劇場において上演され、一〇月二八日からは『銃後のわたし達』という作品が追加上演されている。

『秋のをどり』は大阪組の花田須磨子が楠正成、東京の星光子が楠正行、若者をオリエ津阪が演じたほか、第十景の「鹿寄せ」では暁照子と大阪の京マチ子が鹿役のなかに含まれている。『ラッキー・ゴース・ラウンド』はロサンゼルスにある映画撮影所や現地の日本人倶楽部を舞台にした作品で、水の江はターキー役、オリエは折枝という役を演じたほか、大阪の秋月恵美子が撮影所の支配人、クローデット・コルベール役＝小野小夜子、ディアナ・ダービン＝楠見あきら、グレタ・ガルボ＝緑弘子、ジンジャー・ロジャース＝宮川孝子、メエ・ウエスト＝里村葉子、フレッド・アステア＝根岸郷子、マレーネ・ディートリッヒ＝水原まゆみと、当時活躍していた実在の米映画俳優が役名として登場している。『世界に告ぐ』はタイトルから想像できるような戦争ものではなく、男役は燕尾服で娘役はスパンコールが全面に散りばめられたエレガントなドレス。フィナーレではSSKロケットガールズ、OSSKロケットガールズ、SSKダンシングチームら計九十六人によるラインダンスが披露された。これは国際劇場における大人数ラインダンスのはしりともなり、戦後のアトミックガールに引き継がれることになる。

そしてこの公演で『銃後のわたし達』という作品が追加上演されたことは先述したが、その理由は北支（中国北部）への慰問公演が決定し、発表の場として用意された作品であった。「さよなら東京」の文字が浮かび上がる舞台に水の江、オリエ、大阪の芦原千津子、秋月恵美子の四人が登場し、合同公演の終わりを告げる挨拶が行われた。

一通りの挨拶が終わると水の江は、

私は大阪のお友達をお送りすると直ぐ三田さん市村さん達と一緒に北支へ皇軍慰問団の旅に参る、豫定です。そして故国を遠く離れた支那の天地に活躍せられる皇軍将士に、親しくお目に掛つて、私達の感謝の心を直接お傳へする決心で御座います。

と客席に自らの声で発表した。さらに、

私達銃後の国民も益々堅く結束して、戦場にゐます勇士をして後顧の憂なからしめなければなりません。例へば将来万一敵機の空襲を受ける場合があると致します。

と水の江がセリフを言うと、飛行機の爆音、高射砲の射撃音などが劇場内に鳴り響き、舞台に立つ四人のスターが叫ぶ。続いて、舞台上では火事をあらわす演出が行われると、そこに国防服に身を固めた少女たちが防火を行うシーンへと変わり、ポーズが決まったところで少女たちは国防服からセーラー服に早変わりする、という作品で、フィナーレでは『愛国行進曲』を歌って幕が下りた。

水の江瀧子一行による皇軍慰問団

それまでも既に内地の傷病兵慰問は行われており、松竹歌劇部慰問団の本格的な慰問公演は九月二五日に世田谷の陸軍第二病院本院、そして分院、成城分院と行われている。讃歌した生徒はオリエ津阪、南里枝、楠見あきら、市村菊子、小野小夜子、對馬洋子、そして大阪組との合同公演中であったため芦原千津子、秋月恵美子、花田須磨子、里村葉子、美浪スミ子、月ケ瀬咲子らであった。

当日の慰問公演のプログラムについては『少女歌劇』（一九三八年一一月号）に掲載されており、

A・倉地団長の挨拶
B・「君と二人で」里村葉子、美浪スミ子
C・独唱「ブラックアイズ」月ケ瀬咲子
D・「タップ」南里枝
E・「軍国子守唄」小野小夜子
F・独唱「コーナツグローブ」對馬洋子
G・独唱「コイキナシャポー」芦原千津子
H・「柳の雨」花田須磨子
I・「タップ」秋月恵美子
J・「ブルス・イン・シイ」市村菊子、楠見あきら
K・「正行」オリエ津阪

というもので、この頃に行われた慰問公演プログラムのすべてを詳細に知ることはできないので貴重な記録といえる。

そしてこのように内地での慰問公演は行われていたものの、外地における戦線慰問は初めてのことであった。

団長を岩田至弘として、水の江瀧子、三田絹代、楠見あきら、川路龍子、對馬洋子、伊丹陽子、伊澤蘭子、市村

菊子らが東京駅を出発したのは一一月一四日のことで、一一月一六日に広島宇品港を出発。まずは塘沽に到着し、そして北京兵站病院への慰問、北京新々戯院で中国の名流劇団人や地元名士の人々との交流会に参加。その後、石家荘、新郷へ向かい、北京、天津と停車駅ごとの慰問や病院への慰問を行って一二月一二日に神戸へ帰港という慰問公演であった。

この公演について水の江瀧子は後年NHKのテレビ取材で、

北京で病院の慰問に行ってくれって言われて、戦争の中の病院てこと忘れて行ったんですよね。そしたら凄まじいでしょ、片腕ない人とか足のない人とか（中略）それ見たら何も言えなくなっちゃったんですよ。なんか言うと泣きそうな感じがしてね。（中略）だまったままそこを通りすぎちゃったら、後で、せっかく一言しゃべってくれればいいのに偉そうに何もしゃべらないで行ったたって、みんな兵隊さんがそう言ってましたって聞かされて。今だったらそういう気持ち押しても何か言わなきゃいけないと思うけど、当時子どもで歌劇以外どこも知らなかったでしょ。今でもそれがとても気になりますね。

と、長年その慰問時に負った心の傷を抱いていたことを語っている。

水の江たちが内地における華やかな舞台とは正反対の、壮絶な戦地での慰問公演を行っている際、日本に残った歌劇団のメンバーによって帝国劇場において『戦捷の花束』（二十景）が上演されていた。

column

戦前モダン文化を背負った松竹楽劇団

国際劇場が開場し、安定した公演が行われていた一九三八（昭和一三）年。松竹では新たなレビューショウ劇団・松竹楽劇団（団長・大谷博）が旗揚げされた。この松竹楽劇団が今までの松竹レビューと異なった点は、最初から最後まで男女混成の劇団であったことにある。

本編で述べたように、松竹楽劇部創設当初は青山圭男や益田隆ら男性ダンサーもともに舞台に立ち、大阪松竹楽劇部でも藤田繁（歌手・尾崎紀世彦の父）などの男性ダンサーたちが女生徒と同列に舞台に立っていた過去があったが、松竹レビューとして地位を築き上げた頃には、男性のダンサーたちは生徒とともに表舞台に立つことはなく、振付師などとしての関わりとなっていた。

宝塚少女歌劇団でも常に男性加入問題が提起されていたが実現せず、一方では男女混成の日劇ダンシングチームが結成されてショウビジネス界の中枢においては唯一の存在として地位を獲得していたことが、松竹楽劇団の誕生に大きなきっかけを与えたと考えられる。

そこで松竹楽劇団の旗揚げに際して集められたのが、東京の松竹少女歌劇団から小倉みね子、天草みどり、春野八重子、大阪松竹少女歌劇団からは秋月恵美子のほかロケットガールズが三十四人。このロケットガールズのなかには、下級生時代の京マチ子の名前も見受けられる。そして、大阪松竹少女歌劇団を退団して楽劇団の旗揚げとともに移籍した笠置シズ子（シヅ子）、コロムビアレコードの専属ジャズ歌手であった宮川はるみ、タップダンサーの草分けである中川三郎、同じく荒木陽らであった。そして前年秋に団員募集を行い、全国から集まった六百人のなかから採用・育成された新人の男性ダンサー五十人もこの公演に出演したと思われる。ちなみに募集要項は、男性の場合「身長五尺四寸以上二十五才迄ノ者」、女性は「身長五尺二寸以上二十二才迄ノ者」となっていた。

オーケストラは、当時のジャズ界をけん引していた作曲家のひとり紙恭輔が率いた紙恭輔楽団。構成・次郎冠者（益田貞信）、演出・並木行雄（蒲生重右衛門の変名）、振付・山口国敏、山口清（国敏の弟で後に戦死）、作編曲・紙恭輔、声楽・古城潤一郎、装置・宇佐美一、照明・久本十美二、舞台監督・内田孝資、ロケットガール振付・江川幸一、音楽指揮・紙恭輔と服部良一という顔ぶれがスタッフとして集結。

そして一九三八（昭和一三）年四月に松竹楽劇団の第一回公演、グランド・ショウ『スヰング・アルバム』（十二景）が上演された。公演地としたのは当時松竹の経営であった帝国劇場で、日劇ダンシングチームが本拠地とする有楽町・日本劇場から徒歩圏内というところにも対抗意識を感じることができる。

当時の帝国劇場プログラムを開くと「一歩進んだ新鮮な内容とモダンな感覚を持つたこのニュウ・スタイル・ショウは新時代の紳士淑女皆様方に大きな御満足と御好評を御約束致します」「外國のレヴュウに負けない新しい形態の素晴らしいステージ・ショウの決定版です！」などの文言がおどっている。また山田英一による「松竹楽劇団の進出」という一文が寄せられている。すでに男性加入のレビューは

column

珍しいものではないとし、

コオラス・メンと云ふ、外國のレヴュー團特有のものもこの「ショウ」に依って始めて出現する。松竹少女歌劇の成人したバレリーナや歌手をこつつき廻す。そして男女の陣容が完全に整備されゝば、一年に何回か「リオ・リタ」級の大ミュウジカル・コメデイへ押し出して行かうと云ふ。つまり大人の觀物としての眞物のレヴューを急速力に日本に創設しやうとしてゐるわけである。

と書く。なお、同時期における日劇ダンシングチームのチーム人員数は男子十名、女子五十数名（一九三八年一月現在）とあり、松竹楽劇団旗揚げ当時の出演者をみると松竹の方が男性比率は多いように思われ、すでに知名度の高かったダンサーたちの出演が目立つ。

このときの舞台については公演から十年以上を経てから、雑誌『松竹歌劇』（一九五〇年四月号）に寄稿されたものが残っており、

この時の秋さんのタップの素晴らしかったこと！　當時、アメリカ映畫で紹介されたエリノア・ポウエル流の細くリズムを刻んでゆくタップで、技巧としてはずいぶん、むずかしい。大阪ではちょいちょい踊っていたが、東京では初めてだというので（中略）通し稽古でも、一同片づをのんで見るほど素晴らしい踊だった。

と、ＯＳＫから特別出演した秋月恵美子のタップが素晴らしかったことを知ることができる。

この松竹楽劇団について書かれた唯一の参考文献と言ってよい『ジャズで踊って』(瀬川昌久・著)には、作品の素晴らしさが如実に記録されているが、ダンシングボーイズは未熟だったものの全員燕尾服を来て並んだ姿は、それだけでも壮観だったとある。筆者は生前の瀬川昌久に松竹楽劇団の舞台の様子をうかがったが「今上演したとしてもレベルの高い、素晴らしいステージだった」と語ってくださった。

ここで松竹楽劇団の公演すべてを紹介することはできないが、手元にある資料から目に留まる公演に触れてみたい。

一九三八(昭和一三)年五月に行われた第二回公演は『踊るリズム』で、今までにも松竹レビューにゲスト出演経験がある女性ジャズ歌手のベティ稲田が活躍し、同年六月からは第三回公演グランド・ショウ『ブルー・スカイ』(十二景)が上演されている。

この公演には前回に引き続きジャズ歌手のベティ稲田、ＳＳＫ・ダンシングチームが特別出演し、さらに大きな話題を呼んでいた映画『舞踏会の手帖』との併演であったため注目度も高く公演が行われた。

筆者の手元に配役表があるが、男性メンバーとして参加している人々の顔ぶれが凄い。後に東西松竹歌劇団の振付師として活躍する、縣洋二、飛鳥亮、佐伯譲が参加しており、また戦後にコメディアンとして銀幕で活躍した木戸新太郎(木戸は松竹楽劇団に一年程度在籍したのち新興演藝部隊へ移籍している)、そして配役表に名前は見当たらないが研究生として市村俊幸や矢田茂も在籍していたことがあったという。市村は間もなく日劇ダンシングチームに移籍し、市村清之助の名で歌手枠として活動を行っている。さら

column

に言うならば、これらのダンサーたちに少し遅れて、戦後日劇ダンシングチームで清水秀男に次ぐスターダンサーとなった黒井隆の名前も確認することができる。黒井に関して筆者が確認できる資料では、一九三五（昭和一〇）年六月浅草松竹座における榎本健一一座のプログラムにはすでに名前が見られ、一九三九（昭和一四）年頃に松竹楽劇団、一九四一（昭和一六）年には名古屋劇場を根城としていた「東京カジノ」という一座に在籍している。この東京カジノには松竹楽劇団のメンバーであった一條徹、島田稔の名もあるので、ほぼ同時期に楽劇団を退団し東京カジノに移籍したのだろう。その後、一九四三（昭和一八）年『日劇夏のおどり』プログラムにはすでに名を連ね、以後日劇ダンシングチームを経て東宝歌舞伎へ活動の場を移していく。

このように、松竹楽劇団を出発点とした人々が、その後のショウビジネス界を支えていったことは無視することができない。

そして七月『ら・ぼんば』、八月に行われた『トーキー・アルバム』（十四景）はトーキー映画初期に上演されたアメリカ映画の名場面を脚色して綴った作品で、スタッフとして映画評論家の南部圭之助が関わっている。目ぼしい景として『Fox Movietone Follies of 1929』の主題歌を取り上げた第三景で『Walking With Susie』（スージーと散歩）を笠置シズ子が独唱し、第四景の『That's You Baby』は荒木陽と石上都によるダンスのデュエットで披露。第七景では『The Hollywood Revue cf 1929』主題歌で日本でも多くの歌手によってカヴァーされた『Singin' In The Rain』（雨の中に唄ふ）が歌われ、第八景では笠置によって『Ain't Misbehavin'』が歌唱されており大変興味深い。『浮気はやめた』の邦題で日本人にも親しまれたスタンダードなジャズだが、日本でレコーディングが行われた例は少なくコロムビアレコード専属歌手の松平晃によるカヴァー盤『夜の雨』が唯一かもしれない。当時舞台で歌われた歌詞が残されているので確認してみたところ、驚くべきことは松平がレコーディングした訳詞をそのままそれ以前に舞台で歌っていることである。今となっては笠置の舞台歌唱用に作られた歌詞を、松平のレコード化に際して流用したものなのか詳細はわからないが、笠置が歌う『Ain't Misbehavin』はどんなに良かったことだろう。さらに第十三景では当時最新のジャズであった『Bei Mir Bist Du Schön』を笠置が歌唱しており、この歌詞が「ばらのB子ちゃん赤いB子ちゃん　踊りませうよデリカニー　ばらのB子ちゃん赤いB子ちゃん　美しいこの夜　あなたのこのほゝえみ」とロマンチックでありながらユーモラスな訳詞で、笠置のキャラクターと合致して客席は盛り上がったのではないかと想像する。

そして一九三八（昭和一三）年一二月二七日からは初めての国際劇場公演『サーカス劇場』が上演されているが、シバタサーカスとの合同で三部五十景という壮大な作品となっている。ここでは松竹楽劇団、シバタサーカスのほか、俳優の横尾泥海男、鈴木桂介、只野凡児らコメディアン、そして鏡味時次郎、鏡味小松、富士廼家幸一郎、寳來家寳樂ら太神楽も特別出演を行っており、構成・演出は江川幸一、脚色・演技指導に大町龍夫、作曲・編曲が風間瀧一、杵屋勝助、洋舞の振付・江川幸一、山口清、荒木陽、日舞・橘左京、声楽指導・三宅元治、古城潤一郎、舞台装置・衣裳に村上鐵太郎、井部岐四郎、照明・山口松三郎、舞台監事・塚本俊夫、内田孝資、大道具製作・矢部次郎、サーカス総指揮・柴田隆英、柴田隆治、動物調教・戸田徳太郎、技芸指導・公平啓太郎らがスタッフとして参加している。

一九三九（昭和一四）年二月二三日からはオペレッタ『シンギング・ファミリイ』（二十三景）を上演。この公演から、大町龍夫が参加し作・演出を担当。この公演には笠置シズ子、春野八重子、石上都、長

column

門美千代、荒木陽のほか、当時少女ジャズタッパーとして人気を集めていたミミー宮島が出演。瀬川昌久によれば、この公演でミミー宮島は「〽兵隊さん 勝ってちょうだいな」という歌詞でジャズの『ダイナ』を身振りよろしく歌ったところ、軍人に対してふざけた演出だと、この場面の削除命令を受けたという。

一九三九(昭和一四)年四月、『カレッヂ・スキング』(八景)においては、それまで紙恭輔と服部良一が二人で作編曲、音楽指揮を行っていたところ紙が松竹楽劇団を離れたため、この公演より服部良一の単独による作曲・指揮、そして出演するジャズ・バンドも新しく編成された。

そして同年七月には帝国劇場において『グリーン・シャドウ』(八景)が上演されているが、この公演で笠置シズ子初期の傑作といわれる『ラッパと娘』(服部良一作曲・詞)が初披露されて、この公演中に笠置はコロムビアレコード専属となって『ラッパと娘』がレコード化するに至った。この『ラッパと娘』は当時ヒットはしなかったが、長くジャズファンに愛された名曲として知られている。

続いて八月の帝国劇場公演では『秋のプレリュード』(十曲)を上演。ここでは笠置によって『センチメンタル・ダイナ』が歌われたほか、『浪曲ブルース』(笠置)、『懐かしのボレロ』(春野)などと、レコードで発売された服部メロディが歌われた。

同年一〇月公演は『おほぞら』(十曲)であるが、第一曲『荒鷲』(SGD混声合唱団)のほか第九曲では『大空に歌ふ』、最後の第十曲は『護れ大空』とある。公演タイトルである『おほぞら』も「晴れて爽やかな大きな空」というより、「荒鷲たちが飛び立つ大空」のような時局的なにおいを感じ取ることができる。

また世間では「紀元二千六百年」の奉祝ムードに浮かれていた一九四〇(昭和一五)年一月は「新春コンサート」(八曲)のタイトルで、シュガーシスターズ(芝あけみ、櫻路由美子、豊川珠子、高根ゆり子)による『スイング三番叟』からはじまり、『シューベルト・ジャズの都へ行く』では『野薔薇』『未完成交響楽』『菩提樹』が歌と踊りで構成され、三曲目は笠置シズ子による『紺屋高尾のハリウッド見物』、続いて『ホーム・スヰート・ホームの踊り方』ではタンゴやスイングなど多様なバージョンで見せ、五曲目に春野八重子による『故郷の人』、六曲目はヤンチャ・ガールズ(荒川おとめ、雲井みね子、志摩佐代子、波多美喜子)による『四人のカルメン』、七曲目は笠置シズ子『スプリング・ソング』、そしてフィナーレは全員の踊りと合唱による『ベートーベン・アラモード』というものであった。

一九三〇(昭和五)年一月以来、松竹の経営となっていた帝国劇場であったが、契約期間満了のため一九四〇(昭和一五)年二月を最後に東宝に明け渡すこととなった。先述のように公演が行われてきたが、このタイミングで公演の本拠地は邦楽座へと移ったほか、服部良一は楽劇団を去り、楽劇団の稽古場は松竹少女歌劇団とともに国際劇場を使用することとなる。

この頃の公演について、作家の色川武大は

私がやっと観に行けたのは、縮小されて映画館のアトラクションなどやりだしたころで、すでに前記のスタア連はかなり脱けていたが、それでも充分満足した。春野八重子、笠置シヅ子、この二人は健在で名物になっていた二人がブルースとスイングで掛け合いをするナンバーも観ている。(『な

column

つかしい芸人たち』）と書き残しており、邦楽座などでの公演が行われた頃には規模が縮小していたことを示している。

帝国劇場を明け渡す前後の公演で、特に興味深い公演としては国際劇場における『愛染かつら』（十景）であろう。『愛染かつら』は川口松太郎作の小説であったが、一九三八（昭和一三）年に映画化をすると同時に爆発的なヒットとなった作品である。映画では薄幸の看護婦・高石かつ枝を田中絹代、医師の津村浩三を上原謙が演じたが、楽劇団公演では高石かつ枝を笠置シズ子、津村浩三を一條徹が演じている。瀬川昌久によれば、笑いを誘うシーンも盛り込まれて、寸劇とは別に「ホット愛染」「愛染タップ」などのショウの景も用意されていたそうである。

ここで現在までに判明している松竹楽劇団の公演と劇場名を以下に掲げておきたい。当時のプログラムと『松竹七十年史』『ジャズで踊って』を出典として編成したが、補足や不明点については注釈を入れている。

一九三八（昭和一三）年
四月二一日　帝国劇場　『スキング・アルバム』（十二景）
五月一九日　帝国劇場　『踊るリズム』（十二景）
六月二日　帝国劇場　『ブルー・スカイ』（十二景）

七月二日　帝国劇場『松竹少女歌劇グランギャラ　ストロー・ハット』松竹楽劇団幹部応援出演
七月二一日　帝国劇場『ら・ぼんば』（十五景）
七月二八日　帝国劇場『スヰート・ライフ』（十二景）
八月一一日　帝国劇場『愛国旗』（七齣）（松竹少女歌劇一部メンバーによる公演）楽劇団ゲスト出演
八月二五日　帝国劇場『トーキー・アルバム』（十四景）
九月一五日　帝国劇場『ジプシー・カーニバル』
九月二二日　帝国劇場『踊るブルース』
一〇月八日　千葉陸軍病院、習志野陸軍病院、鴻之台陸軍病院への慰問公演
一〇月二七日　大阪劇場『ミュージック・パレード』（十六景）ＯＳＫと合同
一二月一日　国際劇場『サーカス劇場』（三部五十景）

一九三九（昭和一四）年
一月　帝国劇場『ミュージック・パレード』（十景）
二月二日　帝国劇場『シンギング・ファミリイ』（十二景）
三月二日　金龍館『春光に踊る』（十曲）
三月二三日　帝国劇場　第一回桜をどり『スプリング・ゴーズ・ラウンド』
四月二七日　帝国劇場『カレッヂ・スヰング』（八景）
五月一一日　浅草大勝館『松竹スヰング丸の処女航海』
五月一八日　大阪劇場『松竹楽劇団行進曲』（十二景）ＯＳＫとの共演

column

六月一日　帝国劇場『ホット・ミュージック』（五景）
六月一五日　帝国劇場『ジャズ・スター』（十二景）
六月二九日　浅草大勝館『スヰング・クリッパー』（十曲）
七月六日　帝国劇場『グリーン・シャドウ』（八景）
八月一日　新宿第一劇場（？）『シルバー・スター』（八曲）
八月八日　浅草大勝館『シルバー・スター』（八曲）
八月三〇日　帝国劇場『秋のプレリュード』（十景）
九月一四日　渋谷松竹映画劇場『秋のプレリュード』（十曲）
一〇月一九日　帝国劇場『おほぞら』
一一月　新宿武蔵野館、渋谷松竹映画劇場『ブルー・スカイ』（十曲）
一九四〇（昭和一五）年
一月　帝国劇場『初春コンサート』
二月一日　国際劇場『愛染かつら』（十景）
三月七日　国際劇場『花の馬車』
三月一四日　邦楽座『ほっと・ちゃいな』
四月一七日　国際劇場『青春学園』
四月二五日　国際劇場『トップ・スヰング』
五月一五日　邦楽座『メイ・フェーア』（十曲）

五月三〇日　国際劇場『ラ・クンパルシータ』（七齣）
六月下旬　国際劇場『南海の月』（七曲）
七月四日　国際劇場『愛染まつり』
七月六日　邦楽座『南のメロディ』
八月二二日　邦楽座『東洋の旋律』（八曲）
九月一二日　国際劇場『南方ルート』
一〇月三日　国際劇場『轟け凱歌　世界の行進曲』（八曲）
一〇月一七日　国際劇場『聖戦音楽アルバム』
一〇月三一日　邦楽座『名曲幻想譜　焚火　シューマンの流浪の民より』新宿第一劇場でも上演される予告あり
一二月　邦楽座『河に寄す』

一九四一（昭和一六）年
一月五日　邦楽座『桃太郎譚』一月七日から新宿第一劇場でも上演される予告あり

松竹楽劇団の解散と入れ替わるように、一九四一（昭和一六）年春、新宿第一劇場を本拠地とした松竹音律楽団が結成されている。松竹楽劇団のようにセンセーショナルに宣伝が行われておらず、東西松竹歌劇団からの応援出演などもなく、松竹映画のアトラクションとして公演が行われた。参考までに五月に行われた『春の踊り合戦』（十一景）は構成・演出・振付は稲葉実、大門健眞、草野晃一、声楽指導・

『踊るリズム』(1938年5月)の舞台写真。
センターで踊るのは荒木陽とベティ稲田。(筆者蔵)

古城潤一郎、ギャグ・益田甫、編曲・井田一郎、谷口又士、作詞・益田貞信、照明・秋山易二という面々である。

構成・演出のほか舞台では司会者や踊りも披露する稲葉実は、中川三郎や荒木陽と同列に活躍したタップダンサーで後に戦死。編曲で参加した井田一郎は日本におけるジャズ音楽の草分け的存在、谷口又士もジャズ・トロンボーン奏者としての第一人者であり、益田貞信や古城潤一郎は松竹楽劇団の立ち上げにも大きく関わった人たちであったのを考えると、規模は縮小したものの、松竹音律楽団は松竹楽劇団の後継劇団といえるのではないだろうか。

第四章
苦境に立った戦時下のレビュー

改訂された『櫻咲く國』

一九三九（昭和一四）年一月の国際劇場では祝戦捷新春公演「日本三部曲」と題して、第一部『武士道日本 忠臣蔵』（十四景）、第二部『建設日本 大陸行進曲』（八景）、第三部『躍進日本 防共の誓』（二十二景）が上演されて、第二部はのちに水の江らの慰問公演を作品化した『興亜の春・見て来た大陸』に差し替えられている。

なお本公演において、第六回卒業生である雪枝マリ（後の南條名美）、空あけみ、幾野道子、日高なおみ、旭輝子らが初舞台を踏んでいるが、松竹少女歌劇団創成期からの娘役スターであった小倉みね子が退団したこともレビューファンたちを寂しがらせた。そして『防共の誓』公演の主題歌『薔薇のタンゴ』が水の江による歌劇団在団中における最後のレコードとなった。

続く三月の国際劇場公演では史劇『白虎隊』（五景）、オペレッタ『ライラック・タイム』（八景）、『東京踊り 興亜の春』（十六景）が上演されており、『東京踊り』で水の江は、水の江瀧之亟という役を演じている。この『東京踊り』のなかにおける大きな変化としては、それまで松竹レビューで歌われてきた『櫻咲く國』の歌詞が改訂されたことである。その改訂された『櫻咲く國』は第二景で歌われており、

さくら咲く國　さくら　さくら
花は西から東から
こゝも散りしく　アスファルト
進め高鳴る　春の靴音

さくら咲く國　さくら　さくら
春の黒髪　陽を受けて
仰ぐ大空　光る空
櫻吹雪に　叫べ萬歳

というもので、オリジナル作詞者の岸本水府によって手が加えられた。元歌詞ではモダンで華やかな言葉が散りばめられていたが、ここでアスファルトの上を行く靴音は軍靴の音を想起させる。後年、岸本は「とんでもない歌になってしまったが、戦争がすんで元に戻ってホッとした」（日本歌劇団、第四十回「春のおどり」公演パンフレット）と寄稿している。そして第十景では当時の代表的な戦時歌謡『愛馬進軍歌』などが歌われるが、第七景では当時アメリカでヒットしていた『Where the Lazy River Goes By』を『郷愁』のタイトルでカヴァーするなど、戦時歌謡と流行のジャズやポピュラー音楽が交互に使用される絶妙な空気感は当時の世相を語るうえで大切な点である。

そして五月一一日、水の江瀧子が芸術的親善を目的として渡米。なお振付師の山口國敏も同じ「龍田丸」に搭乗して渡米している。その様子は雑誌『タアキイ』などで伝えられる一方、国内では水の江が不在の公演が続けられることになる。そこで、六月における国際劇場公演では東西合同、開場三周年記念として楽劇『少年斥候兵』（四景）、オペレッタ『ホテル・モコ』（六場）、グランド・ショウ『国際をどり』（三部二十景）を上演。『国際をどり』第一部の口上ではスターの序列が華やかに発表されて、当時の序列は以下の通りであった。

【幹部】水の江瀧子、オリエ津阪、富士峯子、三田絹代、駿河春枝、市村菊子、南里枝、對馬洋子、伊澤蘭子、川路龍子、紅十六、宮川孝子、伊丹陽子、柳綾子、鶴田夏子
【準幹部】星光子、水木涼子、葉山容子、小村雪子、四條公子、山村邦子、暁照子、春風美佐子、朝霧鏡子、銀座環、目白乙女、加賀見照子、鈴木萬恵子
【ベストテン】辰巳千春、梓弓弦、春富士美、曙あをみ、水原まゆみ、夢野雪子、小月冴子、夕月淺子、錦織江、椿ルミ子

八月三日からは東京劇場で公演が行われ、バレー・ハーモニック『森の絵本』(一幕)、グランド・ロマンス『感傷詩篇　ぶるう・むうん』(二部二十五場)、そして後日『五人娘道成寺』の追加上演が行われている。『ぶるう・むうん』で歌われた主題歌も当時流行していたジャズ『Blue Moon』で、水の江の穴を埋めるように大阪組の秋月恵美子が助演。フィナーレのカーネギーホールの場面では、ジャズのスタンダードナンバーである『Alexanders Ragtime Band』が『ワンダー・ラグ』の邦題で歌われているが、この二曲はカップリングでレコード化されている。『ワンダー・ラグ』はSSKジョリー・シスターズによってレコーディングが行われているが、この公演時の「ジョリー・シスターズ」のメンバーは山村邦子、葉山容子、四條公子、暁照子(翌年には星光子、水木涼子、四條公子、山村邦子、暁照子、並木路子の六人組となる)で、戦前最後のモダン文化の輝きを見出すことができる。

しかし、この公演を最後に松竹少女歌劇団としての単独興行は終わりを告げ、以後は映画との併演になった。年末にかけて大阪劇場、帝国劇場のほか、地方の松竹系劇場への地方公演が行われている

男役の南里枝とジュリー・シスターズ（1939年頃）。
星光子、暁照子、並木路子らを確認できる。（筆者蔵）

日々色濃くなる戦争の影

一九四〇（昭和一五）年にもなると世相が大きく変貌を遂げることとなる。この年は紀元二千六百年の記念すべき年として記念式典が開催され、奉祝ムードのなか国際劇場で四か月振りの公演『ライト・パレード』が行われている。この公演ではジョリー・シスターズの妹ユニットとして伊澤蘭子を中心に目白乙女、夢路加代子、松風ちどり、大海うらら、千早映子による「ドレミフラワー」が初登場。続いて帝国劇場において『スイング・パアティ』（八曲）を上演し、この作品ではバンドを舞台上に配置するという画期的な演出が行われ、暁照子を主役級として表情豊かに『ラ・クカラチャ』、ジャズにアレンジした『八木節』を歌い、川路龍子と夢野雪子が『キャリオカ』、『ピッコリーノ』、『艦隊を追って』などアステア・メドレーを踊って大好評を博した。そして、三月一日にはようやく水の江瀧子が二百九十五日ぶりにアメリカから帰国しているが、松竹少女歌劇公演に復帰するのは少し先のことになる。

三月一四日からの国際劇場における第十一回『東京踊り』（十五景）は、振付師の山口國敏帰朝第一回公演として上演され、作曲・編曲として服部良一も関わった作品となっている。水の江の不在の替りに、プロローグでは川路龍子が紳士役で登場。なお、この『東京踊り』で第七回卒業生の上原町子、柏三七子、秋津嘉子など二十六人が初舞台を踏んでいる。

その後いくつかの公演を挟んで、四月一九日には邦楽座における第一回公演であるスヰンギイショオ『イエス・オーライ』（十四景）が上演され、ここでも作・編曲として服部良一が参加しているのが確認できる。看板として津阪オリエ、南里枝、宮川孝子、ジョリー・シスターズの名がプログラムに記載されているが、この頃には「オリエ津阪」ではなく「津阪オリエ」の表記となっている。

なぜ「津阪オリエ」と改名したのか。その要因として思い当たるのは、内務省警保局によって歌手のディック・ミネ、漫才師のミス・ワカナなど敵国の言葉を彷彿とさせる芸名を名乗る芸能人たちが改名を迫られたことがあった。オリエ津阪の芸名はそれに該当すると判断し、自主的に改名を行ったと考えることができる。

七・七禁令の発令と贅沢品追放

そしてこの年の夏になると贅沢品を規制する「七・七禁令」が発令され、ジャズやタンゴなどの舶来音楽を演奏し華美な文化の中心的存在であったダンスホールも同年秋で全面閉鎖。多くの芸能娯楽雑誌は廃刊せざるを得なくなり、例えば松竹少女歌劇の機関誌『少女歌劇』や水の江会会報誌『タアキイ』も相次いで廃刊。

さらには脚本の検閲も厳しくなり、本来であれば水の江瀧子帰朝公演も九月に上演される予定であったが、上演脚本の再検討のために延期という、それまでにない厳しい措置がレビュー関係者たちを苦しめることになる。

それまでは戦争を取り入れた作品といっても海外を舞台にしたものであったり、戦時歌謡を使用しながらも最新流行のジャズも華やかに取り入れるなどの自由さはあったが、一九四〇（昭和一五）年秋以降になるとそれも許されないような窮屈な空気に包まれて行く。

九月に水の江瀧子帰朝公演が行われる予定であったが上記の理由から延期となり、このタイミングで台湾からの招聘に応えて、オリエ津阪、富士峯子、紅十六、伊丹陽子、星光子、水木涼子、四條公子、山村邦子、辰巳千春、暁照子、浪路ヒロミ、曙あをみ、並木路子ら、約八十人に音楽部員を加えた大所帯での台湾公演が行われた。台湾では台北、基隆、新竹、台中、嘉義、台南、高雄、屏東を巡演した記録が残っており、一方、残った生徒によって国際劇場、新宿第一劇場において『アリランの唄』が上演された。

そして幾つかの公演を経て、一一月一日には待望の水の江瀧子帰朝記念公演、舞踊詩『防人の歌』(三部)、音楽劇『青い鳥』(二部二十景)、『秋のおどり 輝く星』(十二景)が新橋演舞場にて上演されている。『防人の歌』は出征する若者(川路龍子)とその母(オリエ津阪)、新たに出征する若者(南里枝)とその許嫁(夢野雪子)をめぐる作品で水の江は出演していないが、『青い鳥』では水の江がチルチルを好演。この作品では大阪から芦原千津子が出演してミチルを演じたほか、既に退団していた小倉みね子、石上都も特別出演を果たしているのが話題となった。またこの公演中、かつての松竹楽劇部時代を代表する娘役で、桃色争議後は指導者として松竹少女歌劇団に関わった吉川秀子が亡くなったことも付け加えておきたい。

このようにして大きな変化に富んだ一九四〇(昭和一五)年は暮れていった。

一九四一(昭和一六)年以降の公演について西岡浩は、

　SSKとしても後世に遺るような作品も生れず、人的にも傑出したスタアなど出なかつたばかりか、むしろ既成スタアや中堅どころの退團者が相次いで、ますます内容的にも貧しくなつて行つたのは、これまた當然すぎるほど當然な成行きでした。(『松竹少女歌劇物語』)

と書く。

この年の作品を羅列すると一月国際劇場での『光の祭典』、前年の作品を縮小した『青い鳥』、新宿第一劇場での『初姿お江戸絵巻』、二月『沈清傳』(以後、すべて国際劇場における公演)、三月『フクチャン進發』、四月には第十二回『東京踊り』、五月『踊る色彩』、『フランス起てり』、六月『印度』(七景)、七月『松竹映画史』、『松竹大行進』、『夏のおどり』、八月『国際大放送』、松旭斎天勝一座との合同公演『魔術の世界』、九月『爆音』、一〇月『銃後の日本大丈夫』、一一月には日本文化中央聯盟主催・国民大衆演劇コンクール参加作品となった『新世紀』(並木路子による主題歌『世界隣組』がレコード発売)、『花白蘭』(満洲映画協会より李香蘭がゲスト出演)、一二月『月下の夢』、『新日本組曲』というラインナップであった。西岡浩が指摘するように、後年に残るような名作、または口々に語り継がれる作品が見当たらず、弾圧によって作者たちがいかに困惑していたのか想像することができる。

そして一二月八日には真珠湾攻撃が行われ太平洋戦争の開戦。ますます戦争は激化し、華美でモダンさが大きな魅力であったレビューのありようは大きく変貌を遂げる。

決戦下の松竹少女歌劇団

太平洋戦争が勃発した翌年、一九四二(昭和一七)年にもなると少女歌劇、レビュー界の状況は一転することになる。松竹少女歌劇団にとって最大の出来事のひとつは、その年の暮れ水の江瀧子が「劇団たんぽぽ」(一九四八年解散)を旗揚げしたことで松竹少女歌劇団の舞台から離れてしまい、さらには水の江を慕っていた宮川孝子、山村邦子、常盤きよみ、松風ちどり、千草みどりら有望な生徒たちが劇団たんぽぽに移籍してしまったことであろう。その後、劇団たんぽぽは戦時中から終戦直後にかけて当時を代表する劇団となり、水の江や松竹少女歌劇出身者のほかコメディアンの堺駿二や田崎潤(当時は田中実)、有島一郎なども在籍していた。

そして一九四〇(昭和一五)年からレビュー作品が映画との併演になったことは前述したが、一九四二(昭和一七)年にもなるとレビュー作品のバリエーションが乏しくなるとともに、後年まで名作として語り継がれる作品も生まれなかったのは、戦争の影響で物資不足やスターたちの退団が相次いだことが要因のひとつだったのかもしれない。またこの年、それまで松竹少女歌劇団団長であった岩田至弘が召集されたため、後任として内山六郎が迎えられた。時局も相まって、それまでの女学生の集団ような雰囲気から一転、軍隊式システムに変わってしまったと伝えられている。

作品の規模が小さくなると出演者の数は減るわけで、そのため一定の出演者以外は時間割にしたがって、朝九時から改めて声楽を学ぶ機会が設けられることとなった。レベルによって発声法、歌唱法、二重唱、三重唱、四重唱、合唱、楽典と、一年以上の訓練を行うのだが、このときに一度の遅刻もなかったのがオリエ津阪だったそうだ。

そして、のちに松竹音楽舞踊学校の生徒監となった山崎俊夫は、戦時中の舞台生活について、

> 戦争はいよいよたけなわとなり、毎月の八日は大詔奉載日とか称して、わたしは生徒達の前でその詔書を読む役目だったが、正直のところ厭で厭でたまらなかった。（『松竹歌劇』一〇号）

と回想し、この文中には「（忘れよう忘れようとしてたことを、今またここに思ひ出そうとしてゐる。戦争のことは書くのはやめよう）」とある。当時の関係者たちが戦時中の苦しい思い出を詳細に記録しなかった理由がこの括弧内の一文に集約されているように思う。

そして、それまでのターキー・オリエ時代からスターの代替わりが行われ、南里枝、川路龍子、紅十六の三人がセンター男役をつとめたほか、星光子、曙あをみ（後の曙ゆり）、小月冴子、並木路子、旭輝子が有望な新人として抜擢されるようになったのが、戦時中の歌劇史のなかで唯一希望をもたらした話題であろう。

松竹歌劇部の看板前で、制服を着用した川路龍子、南里枝、市村菊子ら
(1941年頃)。(筆者蔵)

フィリピンへの慰問公演

国際劇場における公演のほか、同年六月二七日〜九月二〇日までの約三か月、フィリピンにおける慰問公演（総指揮・大谷博）が行われている。松竹編成慰問隊と名乗り、参加した歌劇団の生徒は南里枝を筆頭に、水木涼子、目白乙女、浪路ヒロミ、並木路子、錦織江、若水久美子、大国阿子、風見ゆたか、笠置眞砂子、杉山藤江、旭輝子、須田君代、千早映子、伊吹まち子、由利かほる、大江春子、槇エリカ、神代くるみ、高山日南子、葵圭子、緋桜京子、竹生八千代、川柳てるみ、霧島蘭子で、そのほか松竹専属の映画女優・若水絹子、河野敏子ほか、司会者として同行したのは活動写真弁士出身で司会者の西村小楽天。また、楽団員として参加しているのが松竹軽音楽団で、メンバーが南里文雄、角田孝、レイモンド・コンデ、田中和夫、新谷伊三郎、田澤フランシスコ（キーコ・フランシスコ）と生粋のジャズマンたちである。どのような演奏を行っていたのだろうか興味深いが、この公演に参加したクラリネット奏者のレイモンド・コンデによればジャズではなく日本の歌謡曲を演奏したという。『レビューと共に半世紀』にもこの慰問について記載されているが、出発した港や搭乗した軍艦の名前は伏せられている。これは当時、機密事項として記録されることが禁じられたためで、フィリピンへ向かう途中には台湾の高雄で慰問公演を行って、七月一八日に雨が激しく降るなかマニラに上陸したとされる。そこからフィリピン各地を巡演したのち、八月二〇日にマニラを出航。九月二日には再び台湾に入港して、高雄、台南、台中、北投、台北、基隆を巡り、九月一八日神戸に入港して、九月二〇日東京に到着するという旅程であった。

この慰問も壮絶なもので、長時間のトラック移動、戦地に多数散らばる兵士の墓標への参拝、時にはスコールにうたれながらの公演のために体調を崩し、なかには野戦病院に入院した生徒もあったそうだ。このような苦しい公演のなかでも、行く先々の兵士たちの熱狂的な歓迎ぶりが生徒たちの心の支えであったことだろう。

慰問公演のほか国際劇場における通常の公演について目ぼしい作品を挙げると、三月一一日からは第十三回『東京踊り　世界の櫻』松竹少女歌劇戦捷記念総動員公演（二十三景）が上演されており、戦捷公演というのは同年二月に巻き起こったシンガポールの戦い（日本軍がイギリスの植民地であったシンガポールを占領した）を祝う作品であったためである。数年前までのモダンなジャズ曲を使用したり粋な江戸情緒を取り上げたりしたステージは見るかげもなく、すべての景が戦争を背景とした作品となっている中で、南方風俗を取り入れた景だけはエキゾチックな雰囲気のなかで見ることができたのではないだろうか。

当時の各景のタイトルのみ羅列すると、第一景「戦捷ざくら」、第二景「咲いた咲いた」、第三景「くろがねの戦士」、第四景「黒い寶石」、第五景「機動」、第六景「東亞人形」、第七景「共榮の春」、第八景「協和の集い」、第九景「虎」、第十景「三弦の曲」、第十一景「春の調べ」、第十二景「ますらを」、第十三景「日の本」、第十四景「さくら大東亜」、第十五景「長政之出陣」、第十六景「望郷」、第十七景「ルタナ姫」、第十八景「凱旋」、第十九景「光と影」、第二十景「溌剌舞踊隊」、第二十一景「カン・ワーの花」、第二十二景「さくらの唄」、第二十三景「世界の櫻」で、山田長政を演じた水の江と和ものを中心に演じたオリエ津阪は、これが戦前最後の『東京踊り』への出演となっている。少女歌劇公演とともに上演された映画は、李香蘭主演の満洲建国十周年記念映画『迎春花』であった。

七月一五日からは「夏だ、祭だ、踊れ、かちどき」を謳い文句に第十回『夏の踊り』（全十景）が国際劇場五周年記念として上演されているが、前述のように当時のセンターであった南里枝をはじめとして中堅娘役メンバーが不在の中で行われている。第一景「虹音頭」では暁照子が歌手として登場したほか、川路龍子、紅十六、曙あをみ、小月冴子、星光子らが主要な役どころで登場。

続く八月六日からは『ワルツ合戦』（全十景）が上演されているが、この公演の大きな話題は宝塚少女歌劇団出身・

戦時中におけるレビューの舞台。
華やかな舞台に「勇士に捧ぐる 感謝の花束」の文字が輝く。（筆者蔵）

草笛美子が歌手役として特別出演し、国際劇場の舞台に立ったことであろう。草笛美子は、宝塚少女歌劇団十六期生として一九二六（大正一五）年から一九四〇（昭和一五）年まで在籍し、華やかな美貌と歌声で戦前宝塚を代表する歌姫とうたわれたスターであった。この『ワルツの合戦』のプログラムには第一景「森の物語」、第二景「祖国への思慕」、第三景「椿」、第四景「スペインの花」、第五景「闘牛士」、…と、戦時下とは思えないかつてのグランドレビューを思い起こすようなタイトルが並んでいる。

また興味深いところでは、九月一〇日からは『懐しの歌ふ松竹レヴュウ史』（十六齣）という作品が上演されており、第一齣が「櫻咲く國」からはじまり、第三齣では「タンゴ・ローザ」、第四齣「ウインナ・ワルツ」、第五齣「巴里モンテカルロ」、第六齣「リオ・グランデ」、第七齣「ロザリア姫」、…と松竹少女歌劇団の名作傑作を各齣で再演。各齣では既に退団した天草美登里、江戸川蘭子、歌上艶子が特別出演し花を添えている。公演の規模が小さくなってかつてのような名作が輩出されず、スターにも乏しくなってしまった戦時中、ここでかつての名作を上演したことは意義深い試みだったのではないだろうか。しかし、本来であればそれらの作品のセンターに立ち、場を盛り上げるはずの水の江の名前がないのは寂しい。

一〇月一日からは第十二回『秋の踊り』(全二十二景)の上演。こちらは「音楽三代記」のサブタイトルが付けられ、特別出演として当時絶大な人気を誇った櫻井潔とその楽団をはじめ、人気レコード歌手の松島詩子、上原敏、浅草〆香、活動写真弁士出身の山野一郎、浅草オペラの田谷力三、黒田謙、その他にも湯山光三郎、毛利幸尚、アザブ伸、丸一小仙社中らが特別出演する豪華版であった(一〇月一日〜、一〇月八日〜と特別出演者の一部に入れ替えがみられる)。内容としては文明開化から大正時代の浅草オペラ、そして昭和に入ってからの流行音曲の変遷が描かれた作品で、各景にゲストが出演するというものであった。

そして一二月三日から行われたのが『冬のおどり』で、この「おどり」だけは恒例にならず一回のみで以後公演が行われなかった作品である。

棹尾公演となった『花の街』は、かつて大ヒットを飛ばしたドイツ映画『会議は踊る』を舞台化した作品であった。一九四一(昭和一六)年一二月の開戦以降、アメリカ・イギリスの楽曲を演奏することは憚られ、戦争の激化にともない弾圧は厳しくなっていくなかで、同盟国であったドイツ、イタリアの映画や音楽に触れることには何の問題もなく、戦況によっては同盟国の占領下になった国の音楽が演奏可能となったりするため、当時のレビュー作者たちはどんなにか作品づくりに苦戦したことだろう。しかし、太平洋戦争が勃発して一年、戦意高揚作品が数多く上演されるなか、『花の街』の上演は演者にとっても嬉しいものではなかっただろうか。それまで海外映画のリメイク作品は数々上演してきたが、この『花の街』上演が戦前最後の(同盟国であれど)欧米映画のリメイク作品となっている。

再開された新宿第一劇場での公演

一九四三（昭和一八）年になると国際劇場だけではなく新宿第一劇場への出演が本格的に再開され、一月三一日からは新宿第一劇場において喜歌劇『村一番の愛国者』（六景）、舞踊劇『吉野山初音旅』、軽音楽『二月の音楽會』（十一曲）、大楽劇『星になった人魚』（十八景）が上演された。それまで新宿第一劇場は映画封切館となっていたが、この年より実演劇場としての運営が行われるようになったための出演である。

『吉野山初音旅』では佐藤忠信を川路龍子、静御前を紅十六が演じ、『二月の音楽會』には吉野章と楽団黒い瞳、そしてジャズ演奏家で編成された松竹軽音楽団が出演。ここでは『スペイン舞曲』、『ラ・パロマ』、『ラ・クムパルシータ』など演奏可の海外曲、『荒城の月』や『城ヶ島の雨』（歌・並木路子）の日本曲のほか、フィリピン民謡の『サンパギータ』（歌・春海みつる）が選曲されており、大劇場でジャズにアレンジされた楽曲の演奏は難しかっただろうが、どのような雰囲気で演奏されたか想像するだけで楽しい。

そして、かつてならグランドレビューと称されたであろう大楽劇『星になった人魚』について、詳細な内容を確認することができなかったが、王子金暁を川路龍子、王女梅芳を星光子、御附係を小月冴子、乳母を紅十六、女官善蓮を葉山容子が演じたほか、松竹少女歌劇総出演で戦後スターになる上原町子、秋津嘉子、一條敬子、日高なほみ、柏三七子、天野妙子の名が当時のプログラムで確認することができる。残された『星になった人魚』の舞台写真を見てみると、まだ余裕があったのだろうか戦時中とは思えないほどに煌びやかで豪華な衣裳を身にまとった南里枝、川路龍子、並木路子の姿が写っている。

三月一二日からは国際劇場における第十四回『東京踊り』（二十一景）公演で、第一景「御代の櫻」にはじまり、第二景「夜櫻」、第三景「藤娘」、第四景「幻保名」など前半に和ものの舞踊がまとまって上演され、後半に洋楽ものを配置する構成だったようだ。第十二景では「陸・海・空」、十四景で「子供共栄圏」など戦争を意識したタイトルが見られるほか、第十五景「南の動物」、第十六景では「サンパギータ」と南方風景を取り入れた景も上演されている。フィナーレでは主題歌『さくら大東亜』（サトウ・ハチロー・作詞、浅井擧曄・作曲）が歌われたが、この『さくら大東亜』が戦前にレコード発売された最後の主題歌となり、結果的にこの第十四回『東京踊り』が戦前に上演された最後の『東京踊り』となったことを思うと感慨深い。

続いて七月一日からの公演は新宿第一劇場で行われ、この公演で上演された作品が喜歌劇『南のパンゲラン』（九景）、舞踊劇『夏姿神田祭り』（三景）、軽音楽『チゴイネル風の夕べ』（八曲）、大楽劇『翠琴抄』（十六景）の四作品となっている。プログラムを見ると「もう一艦！もう一機！鐵・銅・アルミニュームの供出へ」ほか過激な評語が印刷されているが、戦意高揚を煽る作品が確認できないところにこの公演の大きな特徴を見出すことができる。松竹少女歌劇団のみならず、日劇ダンシングチーム（戦時中は東宝舞踊隊と改名していた）でも南方もの作品を頻繁に取り上げているが、当時の観客たちは使用されたアジアの民謡や特徴的な衣裳に東洋エキゾチシズムを感じていたと想像することができる。当然これら作品の根底には大東亜共栄圏などの戦争問題が絡んでいるものの、南方諸島の民謡をオーケストラで演奏するとどこかモダンさを感じることができるうえ、観客たちはそのモダンな雰囲気を大っぴらに楽しむことができたのだろう。『夏姿神田祭り』は松竹お得意の江戸前な舞踊劇、『チゴイネル風の夕べ』はクラシカルな楽曲を並木路子と緑川ノボルの歌、吉野章楽団が演奏するもので、南方もの、和もの、クラシカルなものと多彩な作品が交互に上演されている。

そして大楽劇『翠琴抄』は王張瑛・南里枝、柳生春・小月冴子が主役を演じたが、この作品によって初めて小月冴子が主役級に抜擢されている。なお、この公演の二の替りでは一幕もの『口上ゆかり姿』が追加され、『チゴイネル風の夕べ』から田中和男と松竹軽音楽団が演奏する『ルソンの月影』（六曲）に差し替えられ、ここでは並木路子と大国阿子による『マンゴー売りの唄』や『ダニューブ河の漣』などが披露されている。

満鮮公演と消え失せた洋風レビュー

また七月九日からは朝鮮・満洲方面への慰問公演が行われており、旭輝子、大海うらら、大国阿子ら約二十名は、山口県下関から朝鮮釜山に上陸して特急アジア号で満洲へ向かった。牡丹江、奉天、新京、撫順、哈爾濱、大連と巡演し、それから朝鮮へ向かい清津、羅津、会寧、城津、咸興、興南、元山へと引き続き慰問公演を行っている。この慰問公演について『レビューと共に半世紀』によれば満洲とソビエト連邦の国境まで赴き、食料が調達できず食事が饅頭一個しか口にできない時もあったという。

その後、八月一〇日からは国際劇場で『夏のおどり』、一〇月一日からは新宿第一劇場公演として軍人援護演劇参加作品『一億の合唱』（四景）、『日本軽音楽集』（二曲）、舞踊劇『光國物語』（二景）、ビゼー・ショパンの名曲より『小品舞踊集』（四場）、『日本旋律集』、街の風景『銃後の尖兵』（二十一景）、一六日からの二の替りでは『小品舞踊集』『日本旋律集』が『日本軽音楽集』（二曲）、風物詩『満洲』（五齣）に差し替えられている。公演プログラムには「戦ふ銃後の秋に送る！」のフレーズが記されており、この公演のメインである『銃後の尖兵』は銃後で働く人々の姿が描かれた作品であることは、「働けば樂し」「慰問」「決戦輸送」「働く姿」「みたみわれ」など景のタイトルから知ることができる。南里枝、川路龍子、星光子、水木涼子、曙あをみ、小月冴子、昨瑠璃子、空あけみ、高倉雫、幾野道子が主要な役を演じ、戦後にスター格となる村雨小夜子、西條明美、清水晶子らの名前もこの公演前後から確認できる。

一九四三（昭和一八）年一一月一日からの国際劇場における公演は第十三回『秋の踊り　花嫁さん』（十五景）で、主役を演じたのは花枝役の曙あをみ、新吉役の小月冴子で、満洲や南方に渡った三組の夫婦を描いた作品だったようだ。戦時中のスローガン「産めよ増やせよ」を反映させた様子もうかがえ、第一景「増産祭り」、第六景「明るい満洲」、第七景「拓士の花嫁」、第九景「くろがねの花嫁」、第十二景「南へ行った花嫁」、第十三景「子供はお國の寶ぢゃよ」、そして最後の第十五景では「集団結婚」と時局に沿ったタイトルが時代を感じさせると同時に複雑な思いを抱かざるを得ない。この『秋の踊り』は一二月まで続演され、その間一一月一八日からはオリエ津阪が立ち上げた劇団・オリエ座との合同公演として舞踊劇『勧進帳』(一幕)が併演されている。武蔵坊弁慶を演じるのはオリエ津阪、源義経を小月冴子、富樫を川路龍子と一幕ものではあるが豪華メンバーによる上演。一二月には先月からの『秋の踊り』と『軍艦旗に敬禮』(十二景)が併演されている。それまで南方ものや優雅な海外曲を使用した作品がところどころで上演されていたが、戦争の泥沼化とともにいよいよ上演作品も国策に沿った現実的なものへと変貌していった。

一九四四(昭和一九)年になると戦況の悪化とともに、劇界、そして松竹少女歌劇団にとって大きな局面を迎える年になる。まず映画封切館でもあった国際劇場が映画上演を中止し、演劇・演芸専門の劇場に転向。当時のプログラムの表紙の挨拶を一部抜粋すると、

出演者も各社藝能陣を進んで之を迎へ、名實共に大東亞の國際劇場として向後國家に貢献、藝能報國の至誠を披瀝する所存に御座候　一機でも一艦でも多く前線に送るべく日夜勤勞せらるゝ一般都民、及産業戦士各位の爲に銃後の責務の一端を果たさんとする吾等の微意を諒せられ大方の御支援御鞭撻の程伏して奉懇願候

と仰々しい文言が並ぶ。それまでも兵士の場合は割引料金で入場ができたが、それに加え重要産業戦士の場合は特定割引が適用されるようになった。一方、劇場での観劇は高級娯楽として同年二月一六日から入場税の税率改正が行われたことで、入場料に五十銭未満は三割、一円未満は六割、三円未満は十割、五円未満は二十割という税率が課せられたため、入場料が値上げされている。

なお、この頃の大幹部から準幹部は以下の通りであった。

【大幹部】南里枝、川路龍子

【幹部】星光子、水木涼子、曙あをみ、葉山容子、浪路ヒロミ、並木路子、緑川ノボル、小月冴子、昨瑠璃子、春海みつる、若水久美子、松原美保子、夢路加代子、大国阿子、風見ゆたか、笹野由起子、笠置真砂子、近江うらら

【準幹部】喜代田百合、旭輝子、空あけみ、滝川すみ江、須田君代、天野妙子、高倉雫、千桜美雪、雪枝マリ

身に危険が迫りくるなかでの公演

米軍による日本（東京）への空襲は一九四二（昭和一七）年四月一八日をはじめとするが、その後一時的に空襲は行われず、一九四四（昭和一九）年一一月より爆撃機Ｂ29による空襲が行われるようになった。一時的に空襲が行われなかった間も常に空襲への警戒や備えは叩き込まれており、松竹少女歌劇団に限らず当時の劇場プログラムには「警戒又ハ空襲警報時ニ於ケル観覧券ノ取扱ニ就テ」の案内が掲載されるようになる。劇場によって多少の記載差異はあるものの基本的にはほぼ同じ内容となっており、ここでは新宿第一劇場のプログラムに掲載された案内を引用したい。

一、警戒又ハ空襲警報發令ニ依リ興行中止ノ爲退場セラルヽ方ニ對シテハ金銭ノ拂戻ヲ爲サズ御所持ノ本券ヲ以テ再入場證トシテ御取扱ヒ致ス事ト成ツテ居リマスカラ御觀覧中ハ必ズ本券ヲ御所持願マス
二、再入場證ノ有効期限ハ警報解除後該映畫演劇、演藝ノ興行中ニ限リマス
　但シ落日ノ場合ハ興行開始第一日ニ限リ通用ノコト
三、萬一係員ガ本券ヲ御渡シシナイ事ガアリマシタラ必ズ御請求下サイ
四、本券ニ興行場並ニ日附印無キモノハ無効トシマス

当時のスターであった南里枝は、「警戒警報がなると、緞帳を落として、公演中止で、お客様はみんな地下室に避難して、大變な騒ぎね」（『オペラファン』二二号）と戦後、対談記事で語っている。

そのように緊迫したなか、一九四三（昭和一八）年一二月二九日から上演の国際劇場『春の踊り』で一九四四（昭和一九）年の公演は幕が開き、二月三日からは新宿第一劇場において『大空の宮殿』（五景）、舞踊劇『影ぼうし』（五景）、『舞踊への勧誘』（一幕）、そして国民大衆演劇コンクール参加作品となった『若鷲の手帳』が上演された。

それまで戦時下の松竹少女歌劇団を支えたセンター・南里枝は『舞踊への勧誘』を最後に舞台を退き、ただでさえ退団者が相次いでいた時期に主役男役の退団は大きな痛手となったことだろう。また南とともに三羽烏として戦時中の松竹少女歌劇団を支えた紅十六はすでに退団し、川路龍子もこの頃に歌劇団を退団。川路は戦後も松竹歌劇団の舞台に立ち続けるが、それはフリーとしての特別出演枠であったことはまた後にも触れることとする。

ちなみに原浩一の記録によれば、終戦の前年には「それまで短く切り上げていた髪の毛も伸ばさゞるを得ない状態となり、川路さん始めの男装陣はすべて止むなく毛を伸ばしてしまいました」（『松竹歌劇』七号）とあるように、

戦時中の松竹少女歌劇を支えたスター3人。右から川路龍子、星光子、南里枝。（筆者蔵）

男役スターも髪の毛を伸ばして公演を行っていたのだ。当時の写真を見ると、たしかに南や川路などの男役もみんな髪の毛を後ろで束ねているのを確認することができ、一九四六（昭和二一）年公開の映画『グランドレビュー一九四六年』を見ても水の江瀧子と川路龍子は長髪のままである。

そして二月公演中も着々と次回『東京踊り』の準備が進められていたが、内閣情報局より第一次決戦非常措置要綱が発表されたため、三月五日を以て歌舞伎座、東京劇場、新橋演舞場、有楽座、東京宝塚劇場、帝国劇場、明治座、日本劇場、そして国際劇場ほか、日本都市部の高級劇場は閉鎖となり、これらの劇場で行われていた興行は中止となった。そして翌四月に新たに発表された第二次決戦非常措置要綱によって閉鎖となった新橋演舞場と明治座は公演再開。しかし残された劇場も興行時間は二時間以内とされて、浅草六区興行街の劇場には建物疎開のために取り壊しとなった劇場も少なくなかった。以後、国際劇場は風船爆弾を作る工場と化した。

苦難の松竹芸能本部女子挺身隊時代

このような経緯で国際劇場は閉鎖となり、三月八日に行われた大詔奉戴式の日に当時の団長だった内山六郎は「SSKの立場としては最悪の場合を予想せねばならぬ時が来た。（中略）敵はすでにわれわれの頭上に来ているのだ、一刻も猶予すべき時ではない、挺身せよ、女子も銃を執れ、操縦桿を握れ、事情はそこまで迫っているのだ」と職員会議で卓を叩いて絶叫したという。そして、その十日後には松竹少女歌劇団と附属学校の無条件解散が発表され、新たに「松竹芸能本部女子挺身隊」が編成されることとなる。

まず一九四四（昭和一九）年四月〜六月、浪路ヒロミ、並木路子、若水久美子ら二十二名の女生徒は吉野章楽団、斎藤勉楽団とともに上海、南京、北京方面への慰問公演を行ったのを皮切りに、挺身隊は一つの班を二十人として、日本全国から外地まで過酷な慰問活動を行う松竹歌劇史の中でも最も苦しい時代であったといえる。この慰問時と思われる様子について秋津嘉子は次のように回想している。

　上海にいった時なんか、陸戦隊の慰問で行ったんですけど、夜向こうのキャバレーへ行ったんですよ。私達が入ったとたんに軍艦マーチなんかで歓迎してくれるんです。みんなパリッとしたイブニングや、支那服を着た支那の方がスーッと席を立ってくれた後へ、私達が膝の出たヨレヨレのズボンに、髪は三つ編みかなんかで坐ったんです。（『歌劇ファン』一九五二年六月号）

決戦下日本との落差、煌びやかな夜の上海に生徒たちは驚いたことだろう。

ほかにも当時の慰問の様子を、原浩二は『松竹歌劇』（六号）に書き残している。

當時の慰問隊と云えば、今の地方公演等とは比べるべくもない苦しい旅でした。（中略）二時間半の出し物の衣裳一切をリュックに・サックにつめこんで、背負いかつらをさげたり小道具を持つたり、長期の旅行にも私物の着換え等殆ど持てない狀態でした。（中略）付添うのは隊長と呼ばれる先生一人。從って班長ともなれば隊員の車中の注意から宿舎樂屋の部屋分け食事の世話一切、それ病人だ、負傷だとすべてが、班長の肩にかゝつて來る。元來丈夫でない曙さんも倒れては起ち、倒れては起ち、随分苦しい無理を續けた事を記憶しています。

このように悲壮な様子は、思うだけでも胸が痛む。

北海道美唄市の炭鉱へ慰問を行っていた隊の班長が、当時すでに男役として頭角を現していた曙あをみ（後の曙ゆり）であった。夏季を利用しての北海道慰問であったが、真夏であったために病人が続出し、最終的には班長であった曙も倒れてしまった。鉱山列車で会場に到着し、なんとか開演はしたものの終演後は横になったきり食事も摂れない有様だったという。まさに命がけの慰問公演で、曙は体調を壊して休演し、一九四六（昭和二一）年三月の復帰まで舞台に立つことができなかった。

当時下級生であった上原町子も戦後、

南里枝、川路龍子を筆頭に、モンペを着用して集合する松竹少女歌劇団の生徒たち。
（筆者蔵）

皆んな工場や軍隊も慰問に出かけたの。辛らいと云えば、あの頃は随分辛らいことがあつたわ。とにかく大きなリュックサックに衣裳を一杯つめてね、両手にはボストンバックか何か持つて食糧をつめて、まるでおかしな格好をして汽車に乗つて慰問に行つたの。空襲にも、良くあつたし、戦災者の多い汽車に乗り合わすと私達を買出し部隊か闇屋と間違えて、ひどいことを云つたりするのよ。泣き出したいような氣持ちだった。（『松竹歌劇』六号）

と証言を残している。そして一九四五（昭和二〇）年頃にもなると過酷な慰問公演を終えて帰宅しても「帰れば東京のわが家は既に灰になつている」（『歌劇ファン』一九五〇年九月号）という有様であった。この時代の慰問公演や生徒たちの様子については新聞記事などで一般に伝えられた記録はほとんどなく、戦後に発表された回想記事を頼るしか当時の様子を知る手立てはない。

戦時中に初舞台を踏んだ生徒たちは基礎が不十分なまま慰問の舞台を踏んだうえ、相次いで退団した上級生の穴を埋めるために必死だったことだろう。男性スタッフの中には召集令状を受けて戦地に赴いた者も多くいたと思われる。

東京大空襲で国際劇場は半壊

一九四五(昭和二〇)年三月九〜一〇日にかけての東京大空襲では東京東部が標的となり焼き尽くされた。ことに浅草における被害は甚大なもので、六区の劇場はおろか国際劇場も爆撃され半壊する。空襲時、国際劇場には多くの人々が避難していたため劇場内部でもかなりの人数が死傷したと伝えられ、ことに地下は水浸しとなり遺体が無数に浮いていたとの証言も残されている。松竹歌劇団団長・高島一司は、戦災によって上演台本、衣裳、靴、楽器など、公演に必要なものの九割が焼失したと後年書き残している。

並木路子は著書のなかで、三月九日には東京立川の航空隊で慰問公演を行い、その土産としてパンとバターを貰って帰宅したところ、その夜に忌まわしい東京大空襲に遭遇したことが記されている。そのとき、並木は燃え盛る炎のなか母とともに隅田川に飛び込んだが、別れ別れとなり、もう二度と生きて再会することはできなかったという。東京の下町で愛され育った松竹少女歌劇団だっただけに、現役生徒やOG、その家族、ファンたちのなかには空襲犠牲者として命を落とした者が多くあったことだろう。

そして悲しみに暮れる暇もなく四月には並木が班長となって、生徒と楽団、スタッフを含め四十五人は中支慰問へ赴いている。この終戦間際の慰問は今までとは様子が変化しており、どこに行くのか汽車がどこを走っているかも知らされず、汽車の窓ガラスは取り払われて板が打ち付けられていたという。そして長い日数を経て上海での公演が行われたが、そこから二手に分かれ、並木班は奥地へと赴くことになる。並木班では『花嫁人形』や『花言葉の唄』などを歌ったが、中国に二十日ほど滞在したところでドイツ降伏の情報が入ったため、慌ただしく日本へ帰国することになった。

その後、劇場での公演が再開されると松竹舞踊隊の名前を使用し、一九四五（昭和二〇）年六月一五日からは東京劇場で『戦う花』が上演され、同じ作品を浅草大勝館、七月二一日から『共栄圏の初夏』を引き続き大勝館で上演。そして八月五日からは松竹映画の俳優との合同公演として『手まり日記』『美しき円舞曲』『軍服』を邦楽座において上演しているが、この公演中の八月一五日に敗戦を迎えて公演は打ち切りとなった。

『手まり日記』でオカッパ頭のかつらを被り手毬をつきながら歌った並木路子は八月一五日、公演の準備をしている最中に「これから重大な放送があるから、地下室に集まりなさい」と生徒監に言われたため、地下室に集まってみんなで玉音放送を聞いたそうだ。放送の内容がわからないまま直立不動をしていたところに、憲兵の腕章をつけた兵隊がやってきて日本が敗戦国となったことを告げた。そして数か月後、並木は松竹映画『そよかぜ』に主演、主題歌『リンゴの唄』を歌って華やかにレコード界に登場して、日本の芸能史に揺るぎない足跡を刻むことになる。

ここで改めて記すと、松竹楽劇部時代に歌唱指導者として活躍した歌手の天野喜久代は東京大空襲で亡くなったと伝えられており、また振付師・山口国敏の弟で松竹楽劇団の振付も行った山口清は戦死。ターキー全盛の華やかな時代に憧れてレビューの世界に飛び込んだものの、戦時下のために大きな活躍ができずに退団せざるを得なかった才能ある生徒たちが大勢いたことは特に記しておきたい。

ブギ旋風巻き起こる

一九四八（昭和二三）年一月にレコードが発売されたことで一世を風靡することになる『東京ブギウギ』。それまで戦争のために抑圧されていた若者たちの青春が爆発したともいえる勢いで、芸能娯楽文化はブギ一色に染まるような様子であった。

レコードにおける日本のブギの嚆矢は笠置シヅ子の『東京ブギウギ』にほかならないが、舞台で上演されたブギ音楽について（戦時中に演奏されたという試験的な動きは別として）考察すると、一九四七（昭和二二）年三月に浅草松竹座『東京踊り　さくらまつり』の二十景「スターパレード」で取り上げられたのがかなり早い例として挙げられる。

このときのプログラムを見ると「ブギウギ」ではなく「ブキー」と表記されており、「ブキーを踊る男」「ブキーのダンシング」と華やかなステージが繰り広げられていたようで、「ブキーの歌手」役は、当時の松竹歌劇を代表する娘役・旭輝子であった。旭は間もなくエノケン劇団に移籍をするが、ビクターレコードから『東京ジルバ』を発売しており、彼女が国際劇場でブギを歌った様子を想像することができる。

さらに初めてのＳＫＤ映画となった『踊る龍宮城』において河童に扮した十一歳の美空ひばりがった挿入歌が『河童ブギウギ』であった。『河童ブギウギ』は美空ひばりのデビュー曲となり、その後、

column

日本を象徴する歌手となることは周知のとおりである。

一九四九（昭和二四）年『秋のおどり』では『喧嘩ブギー』（服部良一・作曲）、一九五〇（昭和二五）年『東京踊り』六景では藤浪ゆかりが『シューシャイン・ブギ』（地方公演では小柳久子が歌唱）、『夏のおどり』の七景では『西瓜ブギ』が上演され、当初配役された藤浪ゆかりの休演に引き続き、その代役の住之江ひとみも休演したため、小柳久子が代演して好評を浴びている。同年『秋のおどり』の挿入歌『ジムとサムの歌』もブギで、曙ゆりと小月冴子が二人で歌うレコードも残されている。この公演では『ジムとサムの歌』のほかにも、小月冴子が『ドラム・ブギ』を歌い大好評を得ている。

一九五一（昭和二六）年『東京踊り』の十五景「青春のリズム」では村雨小夜子がブギの娘を演じ、フィナーレでは『桜ブギウギ』、一九五二（昭和二七）年『夏のおどり』九景では「ブラック・ヴギ」と、記録に残っているだけでこれだけのブギウギ楽曲が使用されているので、いかにブギウギがヒットしていたかおわかりいただけるだろう。

当時のプログラムの記録だけではすべてを把握することはできないが、筆者が調査した以外にも多くのブギがＳＫＤの舞台で使用されただろうと想像ができる。

また、ブギの華やかさが最盛期であった一九四九（昭和二四）年『夏のおどり』の「リオの広場」の景では、ブギに代わるリズムとして「コンガ」が使用されている。しかし、コンガは戦前の少女歌劇時代、すでに暁照子によって『メキシ・コンガ』などの作品が歌われており、間もなく戦争のために歌うこと禁じられてしまったのであった。

column

一方、ビギンのリズムも使用されているが、その決定版といえるのが『ビギン・ザ・ビギン』ではないだろうか。『ビギン・ザ・ビギン』は後年、松竹から東宝に移籍した振付師の縣洋二が積極的に使用したことで、日劇レビューの代表的音楽となり親しまれた楽曲である。

松竹歌劇で最初に『ビギン・ザ・ビギン』が使用されたのは、一九五〇（昭和二五）年上演の『らぶ・ぱれいど』内で、振り付けは縣の師である山口国敏であった。当時、日劇では矢田茂が振り付け、宝塚では宝塚中劇場のショータイムで越路吹雪が歌うなど、各レビュー劇団で『ビギン・ザ・ビギン』合戦が繰り広げられているのであった。

松竹歌劇団のブギの歌い手として人気を集めた藤浪ゆかり。
（『松竹歌劇』（1950年 夏の特別号）所収）

第五章

戦後復興とともに歩んだ松竹歌劇団

焼け野原からの再出発

終戦を機に公演が取りやめになっていたが、八月二六日には同じ邦楽座で同じ演目で公演が再開されて、九月一五日からはやはり邦楽座において『光と影』（十節）、一〇月三日からは森川信一座との合同公演『おさなき日』（六景）、一〇月一五日からも森川信一座との合同公演『雪月花　三彩色』の公演が行われている。

そして公演が再開され戦後の新しい息吹のなかで、それまでの松竹少女歌劇団の名称は松竹歌劇団（通称・SKD）と改められて、戦争の痛手を負いながらも歌劇再建の希望を抱いてスタートを切った。

一〇月二九日からは戦後初の浅草公演が実現。新生・松竹歌劇団第一回公演として上演されたのが『ブルー・スカイ』で劇場は浅草六区にあった大勝館、こちらも森川信一座との合同公演であった。またこのタイミングで新たに劇団員の募集が行われた結果、一一月には戦後一期生として三十四名が入団。この中には磯野千鳥をはじめ蓮見あかね、吹雪美智子、浅月夢子、島瑞枝などがいた。まだまだ衣食住が整わないなかフレッシュな生徒たちの登場は、多くの観客たちに潤いを与えたことだろう。

明けて一九四六（昭和二一）年には松竹歌劇団の古巣である浅草松竹座での公演が実現し、アメリカン・スタイル『ダイナマイト・ショウ』（二十二景）を上演。松竹映画『グランド・ショウ一九四六年』など映画との併演ではあったが、ゲストとして淡谷のり子、坊屋三郎、山茶花究が出演。娯楽に飢えていた観客たちに大いに受けて、公演は成功をおさめたといわれている。

続く二月三日の公演は新宿第一劇場で行われて、『マンハッタン・メロディ』（十景）、『三つ面子守唄』（一幕）、そして三月は浅草松竹座で『カルメン』（二の替りで『ニュー・マンハッタンメロディー』）の上演。いずれも明朗喜劇座との合同公演であった。

五月公演は水の江瀧子の劇団たんぽぽとの合同公演で、浅草常盤座にて戦後初『東京踊り』が上演されている。戦前に人気を博したオペレッタ『シャポー・プランタン』を改題した『花嫁さんはお待兼ね』も併演されており、初演同様主役のポールには水の江が扮し、ヒロインのベラは星光子（後半には旭輝子）が配役された。この公演では常盤座始まって以来の大入り満員を記録したとされており、松竹歌劇団の圧倒的人気を示したことで七月にも常盤座公演が決定するとともに、早くも単独公演が行われることとなった。

七月の常盤座公演では『ラッキー・エース』（十曲）、舞踊劇『ゆめ姿』（四景）、吉例『夏のおどり』が上演されて、九月には二期生として三十一名が入団。この中には、長年松竹歌劇団を支えた千草かほる、五月のぼる、朝雲千春、沖鏡子、そして映画女優となった桂木洋子、御園裕子などのほか、今回インタビューを行った小柳久子が少し遅れて編入している。

当時の松竹歌劇団生徒としての生活について、台湾から引き揚げて間もない二期生・小柳久子は、習志野の練兵場の兵舎跡が引揚者の住居となっていたことから、午前一〇時からの公演となると、早朝五時に最寄の京成大久保駅を出発して津田沼駅で乗り換え、そこからさらに浅草の劇場へと向かったという。

当時は空襲で焼け残った新富町の木造二階建てが松竹歌劇団稽古場となっており、そこには焼け残ったたくさんの衣裳がおさめられていた。それらの衣裳を繕いながら、舞台で着用したそうだ。そして付け睫毛は高価だったために自らの髪の毛を使用して作ったという逸話も残っている。またドーランやコールドクリームなどの舞台用化粧品が簡単に手に入らなかったので、下級生は上級生に分けてもらったり、なんとか探し出して使用したという。

そして一〇月三〇日からは古巣である浅草松竹座での公演が行われることとなり、上演作品は水の江の出世作のひとつである『先生様はお人好し』を改題したオペレッタ『青春は悩まし』(四景)、舞踊劇『色彩露秋草』(一幕)、レヴュウ・オブ・レヴュウ『第十六回　秋のおどり』(二十景)となっている。

明けて一九四七(昭和二二)年の新春公演は新宿第一劇場での公演で、オペレッタ『春の踊り』(十景)、バレー『雪の舞踏会』(十曲)、グランド・レヴュー『スキング・ブルーバード』(十六景)を上演。『スキング・ブルーバード』は、今までに数度上演してきた『青い鳥』を新たな解釈とし、チルチルを曙あをみ、ミチルを小月冴子が演じたものであった。三月には浅草松竹座で『東京踊り　さくらまつり』(二十景)、ミュージカル・オペレッタ『エプリル・フール』(十景)、舞踊劇『幻保名』が上演されているが、戦争の傷は癒えるどころか生活は深刻化する情勢のなか、あらゆる困難や悪条件を乗り越えて大作『東京踊り』に取り組んだことが、当時の色刷りのプログラムの表紙からも伝わってくる。プログラムによると『東京踊り』開幕の置き歌が「平和の春にさきがけて　東京踊りはよいやさ」という文句になっているのが戦後らしい。

また一方の宝塚歌劇団は、この公演が続演として行われていた四月一日から日本劇場において戦後初の東京公演『宝塚おどり絵』、『ファイン・ロマンス』(雪組)が上演されて、戦争をはさんで久々のレビュー合戦が繰り広げられている。

戦後の待遇改善要求

またこの頃、再び労働争議が行われるのではないかと危うい場面があった。以前より、曙あをみ、小月冴子、旭輝子、天野妙子、松濤朝子、日高なほみ、柏三七子、上原町子、南條繁美（雪枝マリより改名、のちの南條名美）ら当時の松竹歌劇団主要メンバーは会社側と協議を行っていたが、一九四七（昭和二二）年七月に要求事項が改めて提出されて、次月公演への出演も危ぶまれる状況であった。要求事項は以下のようになっており、

一、一ヶ月四日の休暇を興えること（現在無休）
二、劇團員の企畫参加
三、地方公演は松竹歌劇の面目に留意し、良心的な規模の下に行うこと
四、進駐軍慰問には、別個に慰問團を編成して、二重労働を行わせないこと
五、團體協約に基く休暇制の確立
六、最低出演手當の支給
七、生徒、研究生の質的向上
八、近代的設備を持つた練習場の設置
九、宣傳機關の擴充强化
十、職員、スタッフ刷新のため業務課長國東清、會計係上原一夫、慰問係谷梅子の三氏を退團させること

戦後のどさくさで会社的にも諸々手の回らない部分もあったのだろう、生徒たちの要求も最低限に抑えられているようにも思う。

今回は争議には至らず、ほとんどの要求事項が受け入れられる形となって、無事に八月公演は行われることとなった。

それまで生徒たちが抱いていた大きな不満が解決されたため、新宿第一劇場で行われた第十二回『緑の祭典夏の踊り』（十二景）、グランドファンタジイ『アラビアン・ローズ』（二十景）の公演は活気あふれる舞台が好評を呼んで、改めて歌劇復興を示したとともに、この公演を最低水準として今後の飛躍を期待する声が当時の劇評に記載されている。

なお九月には歌劇団首脳の新陣容が発表されて、団長・大谷隆三、団長補佐・岩田至弘、副団長・大町龍夫、製作担当・名古屋宏、営業担当・村田辰彌となり、歌舞伎座別館に本部と稽古場を移すことが取り決められた。そして、一九四七（昭和二二）年には三期生三十五名が入団している。

国際劇場の新装開場「ラッキイ・スタート」

一九四五（昭和二〇）年三月一〇日の東京大空襲によって国際劇場が甚大な被害を受けてから二年八か月、ようやく新装開場記念公演『ラッキイ・スタート』が上演されたのは一九四七（昭和二二）年一一月二三日からのことであった。国際劇場がどれだけの空襲被害を受けたのか詳細な記録は辿れないが、松竹の力をして復興までに二年半以上の年月を擁したのを考えると、かなり甚大な被害であったことと想像ができる。

国際劇場新装開場記念『ラッキイ・スタート』（松竹歌劇団・作）は全五景、振付・縣洋二、挿入歌の作詞が佐伯譲、名古屋宏、作曲が田代与志という顔ぶれで、後年レビュー界を代表する振付師となった縣洋二が広大な国際劇場においてメインで振り付けを行った最初の作品である。このような記念すべき公演ではあったが、全員の生徒がこの公演に出演できたわけではなく、他公演に出演していた生徒は運悪く出演することができず泣いて悔しがったそうだ。

場内が暗くなってファンファーレ風の音楽が演奏されると、正面の緞帳に「ＳＫＤ」のマークが映し出され、第一景はダンシングチームによるラインダンスで幕が開いた。

このときにダンシングチームとしてラインダンスを行った生徒は三十二人で以下の通りである。

蓮見あかね　磯野千鳥　春風美加　牧朝子　水代早苗　久我一美　若園裕子　立美しづる
花野麗子　那智瀧子　吹雪美智子　望月みち子　萩原千代能　浅月夢子　中原由紀
田中都美子　二條雅美　花園麗子　美雪玲子　小桜はるみ　若葉かほる　浦乃かすみ
千草かほる　津原明子　路蛍子　日吉赫子　朝雲千春　桂木洋子　沖鏡子　松之江英子
栄寿美子　小暮路子

揃いの衣裳を着用して溌剌と踊る姿は、戦争で打ちひしがれた観客たちにどんなに眩く目に焼き付いたことであろう。

第二景「幸あれ国際」は曙あをみの独壇場で、ただひとり板付きで黒燕尾服に身を包んだ曙が観客に挨拶を行い、挿入歌が歌われる。このときの挨拶と思われる一文が当時のプログラムに残されているので、ここに記しておきたい。


皆さん、国際劇場はごらんの通り立派に復興いたしました。そして私共松竹歌劇団もかつての本城の華々しい再出発に出演させていただいて、こんな喜ばしいことはありません。この度出演して居りますのはＳＫＤの一部分でございまして、来春三月の吉例東京踊りには松竹歌劇団全員挙って出演の予定でございます。どうぞ来春の東京踊りを御期待下さいませ。では日本一の大劇場・国際劇場のラッキースタートのために！

すると曙はオーケストラの指揮をはじめ、演奏されるのはブギのリズムで第三景「ブギーで踊って」の幕が開く。この第三景には曙のほか、日高なほみ、上原町子、南條名美（当時は南條繁美）、藤浪ゆかり、中村隆子が出演。第四景「Ｓ・Ｋ・Ｄ娘」には引き続き曙が出演、ＳＫＤ娘として衣川せき子、村雨小夜子、一條敬子、朝路かほる、清川栄子、三保ゆづる、青海しづか、島瑞枝が登場し、挿入歌が歌われる。

祝へや祝へ　目出度きこの日を
踊れや踊れ　目出度きこの日
みんなで建設　みんなで復興
ともに喜び笑顔を交わす
おゝ　楽しく栄ある今宵
我らが幸をかたく歌い
踊りあかさん楽しき宵を

そして第五景「フィナーレ」となった。

本来であればもっと多くの人が関わり華やかな興行もできたのだろうが、かつての男性スタッフのなかには戦地へ赴いたまま帰還することができなかった者もいただろうし、疎開先から東京へ出てくることができなかった者もいただろう。また戦時中の金属供出のために、照明器具をはじめとする舞台装置も十分とは言えないものだったと想像ができる。『松竹八十年史』には「入場料七十円で開場、週計350万円という熱狂的大入りを見せ、これより国際劇場は、松竹映画の一週優先封切場となった」と記されている。

なお、『長谷川一夫の弁天小僧白波狂想曲』などとの併演であったことも話題をよんだきっかけとなった。そのような中、無事に国際劇場の再スタートが切れたことで、戦後の松竹歌劇団全盛期が到来することとなる。

当時の雑誌『幸福生活』には、

> 定員（お客）を一回五千名入るやうにするにはツマラヌ劇團を持つて來たのでは商賣にならぬと、こゝの宣傳子は嘆いてゐる。（中略）満員になつたといふのは今迄に新演技座の長谷川一夫と山田五十鈴が出演した時だけだといふ。（中略）流行歌手の一流メンバーが十名顔をそろへてもお話しにならぬとなかなかもつてシマツの悪い大劇場である。
>
> しかし、この大劇場も、松竹歌劇團が出演してゐれば連日滿員といふのだから、この人氣は大したもので、一回に五千名として一日三回替りにしても一萬五千名であるから十日間に十五萬名…（『幸福生活』奥付欠のため発行年等不明）

と記されており、いかに戦後の松竹歌劇団人気の勢いが凄かったかを知ることができよう。戦時中から舞台を支えた並木路子はすでに去り、引き続いて眸瑠璃子、松濤朝子、旭輝子、梢くるみ、大国阿子、川柳てるみ、幾野道子らの主要・中堅スターたちの退団は大きな痛手となったが、戦後派のスターたちが育ちゆくさまは頼もしいことであったといえる。

戦後派スターたちの誕生

一九四八（昭和二三）年の新春公演は浅草松竹座におけるニューイヤー・プレゼント『踊る東京』（八景）、ミュージカル『シンデレラ物語』（十八景）で、『シンデレラ物語』は青山杉作・益田隆という歌劇団創成期から関わった二人がスタッフとして加わった作品であった。この公演では新たなユニット「ラッキー・セブン」が誕生し、住の江清子、久我渥美、蓮見あかね、牧朝子、春風美加、磯野千鳥、島瑞枝ら戦後第一期生が抜擢されている。

松竹歌劇団としてのこの公演は松竹座で行われたが、道路を隔てた国際劇場で上演されていたミュージカル・ファンタジー『春の誕生』（二十景）（上原謙・轟夕起子主演の実演）に、南里枝、旭輝子、宮川孝子らOGのほか歌劇団の現役生徒を送り込むという事例がみられる。そのため本来の松竹歌劇団の公演が不入りとなってしまったことが、西岡浩『松竹少女歌劇物語』で指摘されている。

そして当時三百万円の巨額を投じた第十七回『東京踊り ドリームパラダイス』（二十景）が国際劇場で上演されたのが三月二〇日のことである。戦後初の国際劇場における『東京踊り』であり、派手な舞台が繰り広げられた。当時のキャストは川路龍子を特別出演として曙あをみ、小月冴子、そして天野妙子、日高なおみ、柏三七子、次いで上原町子、南條繁美、藤浪ゆかり、中村隆子（のちの紅八千代）と連なっている。国際劇場新装開場公演時には三十二人のラインダンスであったが、この公演の第十八景では六十四人の生徒によってラインダンスが行われて、オールドファンには戦前往時の華やかさを想起させるとともに、次世代ファンには壮観で新鮮な様子として目に焼き付いたことだろう。六十四日間という長期公演であった。

ほかにこの年で目につく公演は、五月一五日より国際劇場において戦後初の東西合同公演『緑のカーニバル』（五部）が上演。大阪から秋月恵美子、芦原千津子、勝浦千浪を看板として、京マチ子、香住豊、歌園佐智子、米花眞砂子らがスター格として出演し、ほかに特別出演として松竹歌劇団OGの水の江瀧子、南里枝、旭輝子、並木路子、松濤朝子が登場するという豪華版だった。七月には第十四回『夏のおどり　希望の星』（十二景）、九月からは江東劇場での珍しい公演となったミュージカル・ロマンス『アパッシュの恋』（九景）、第十三回『秋のおどり』（三部十三景）が上演されたが、この『秋の踊り』では積極的に戦後一・二期生を起用しており、特にこのときに発表された学期試験の結果、新たに

【幹部】上原町子、南條繁美、藤浪ゆかり
【準幹部】村雨小夜子、衣川せき子、磯野千鳥、朝路かほる、秋津嘉子

が昇進。なかでもポッポちゃんこと磯野千鳥はただ一人戦後第一期生からの抜擢となり、以後、松竹歌劇団の代表的な娘役として活躍することとなる。

一一月には四期生が入団、このなかには麻耶みづほ、八坂圭子、深草笙子、また早くも黒澤明の映画に出演し、女優・タレントとして地位を築いた淡路恵子がいた。

小月冴子、日劇ダンシングチームとの共演

そして一二月には松竹歌劇団史上異例ともいえる、日本劇場『世界のクリスマス』（十四景）で日劇ダンシングチームとの共演が行われたことも書き落とすことはできない。

この公演の構成・演出は山本紫朗、そして振付師としては青山圭男、益田隆、野口善春、飛鳥亮が参加したほか、松竹歌劇団からは小月冴子、大阪松竹から京マチ子、そしてプログラムの表紙を飾る川路龍子が出演している。当時の日劇ダンシングチームの看板であった清水秀男、柴田正男、眞田千鶴子、佐々木明子らとともに東西松竹歌劇団のスターが日本劇場のステージを踏んだ様子はどんなに華やかで楽しいものだったことだろうか。

プロローグでは日劇ダンシングチームをバックに川路龍子、小月冴子、京マチ子がトリオでブギを踊り、フィナーレでは京マチ子が『七面鳥（ターキー）ブギ』を披露。京マチ子はこの『七面鳥ブギ』を踊ったことによって人気が沸騰し改めて全国区のスターになったという、今でもレビュー界で語り継がれる伝説的な舞台である。

一九四九（昭和二四）年になると、病気療養中であった団長の大谷隆三が退任し、新団長として高島一司が就任。一月の公演は前年暮れからの『百萬弗の饗宴』（十景）に引き続き、当時、浅草で最も人気を博したコメディアンであった清水金一が主演の『シミキンの実演 高田の馬場へ飛ぶ』、長谷川一夫が率いる新演技座『お富と与三郎』と単独公演は行わずに、人気スターとの共演に留まっている。

そして当時、同期の小月冴子とともに最高の男役スターであった曙あをみが「曙ゆり」と改名したことも大きな話題を振りまいて、三月には松竹歌劇創立二十周年記念公演・第十八回『東京踊り』を上演。ここでは早くも五期生が入団をし、この中に現在でも大活躍をする草笛光子ほか、戸川真澄（後の江川滝子）、映画女優となる紙京子らが含まれている。なお、終戦直後の生徒不足のため五期生までは半年〜一年程度で歌劇団に正式入団というスピーディーなカリキュラムであったが、六期生からは新制の松竹音楽舞踊学校となったため三年の正科を経ての正式入団となった。

五月にはグランド・オペレッタ『ワルツの王子』（十景）、『湯の町パラダイス』（二十一景）の上演、そして七月

戦後の松竹歌劇団黄金時代を支えた男役スター(1951年)。
上から川路龍子、曙ゆり、小月冴子、南條名美。(筆者蔵)

に公開されたのがオペレッタ映画『踊る龍宮城』（佐々木康・監督）であった。

初のＳＫＤ映画『踊る龍宮城』

『踊る龍宮城』（当初『桃色河童騒動』のタイトルであった）は、すでに松竹歌劇団を退団して歌手として地位を築いていた並木路子、水木涼子をはじめ、川路龍子、小月冴子、曙ゆりなどのスターを中心に、南條繁美、上原町子、柏三七子ほか、当時在籍した戦後一・二期生から抜粋されたメンバーが出演。振付を担当したのは青山圭男、山口国敏、縣洋二、佐伯譲、橘左京、衣裳が三輪祐輔と松竹歌劇団の舞台を支えたスタッフたちも参加している。

この作品は松竹歌劇団における初めての本格的なオペレッタ映画として公開されているが、小柳久子も『踊る龍宮城』に出演した一人である。映画中盤のダンスホールの場面、そしてフィナーレ場面でも小柳は戦前からの上級生と並び、ひときわ目立つポジションで踊っている。小柳によれば、松竹歌劇団出演シーンは舞台出演後や休演日などに松竹大船撮影所において撮影が行われたそうだ。

また、この映画には十二歳の美空ひばりが挿入歌『河童ブギウギ』を歌う少女役として出演しているため、昭和芸能史上で知られた作品となっていることはコラムを参照されたい。主役の浦島太郎を演じた川路龍子は、

浦島太郎さんが今生きて此の映畫のやうなことをして呉れましたらと脚本を讀み乍ら獨り微笑んでしまひました。實際今の世の中は此の物語の中の河童のやうな人物が多過ぎるし、又他の總ての人達も、人を信ずると言ふ氣持ちが失はれてゐる事の寂しさを感じます、そして斯うした事が少しでも少なくなれば、又、此の映畫のハッピーエンドのやうな娯しい世界になればと、浦島に扮する私は夢みてをります。（『大船タイムズ』No.9）

とコメントしている。

この映画自体、大ヒットした作品ではなかったが、終戦直後の松竹歌劇団の様子を知ることができる貴重な作品といえる。

なお浅井擧曄は松竹専属の作曲家で三越音楽隊出身。浅草六区にあった映画館・東京館のオーケストラの楽長や軽演劇のプペ・ダンサントを経て、松竹少女歌劇団〜松竹歌劇団に数々の楽曲を提供した人物であった。

戦後初の新橋演舞場公演『聖（サンテ）エロワの夜』

七月、国際劇場での『夏のおどり』では縣洋二振付によるコンガが大好評を博し、続いて九月三日より戦後初の新橋演舞場での公演となったミュージカル・ロマンス『聖（サンテ）エロワの夜』（八景）、グランドレビュー『ファイブ・ドリームス（五彩の夢）』（十五景）が上演されることになった。

一九四〇（昭和一五）年秋以来の新橋演舞場における公演だったために、会社側としても力を入れていたことが想像できるが、公演前にまたひと悶着が巻き起こったのであった。戦前の桃色争議、そして終戦後の待遇改善要求とあり、ここでも生徒たち数人による小規模のストライキがあったというのだ。

当時すでに舞台に立っていた戦後二期生の小柳久子は「『聖エロワの夜』のとき、上級生たちのストライキがありました。上級生たちが稽古中に舞台出演を放棄したので、私は川路龍子さんの妹という大役を振られたんです」と証言する。

結果的に小柳久子が娘役スターとしてスポットライトが当たるきっかけとなり、公演自体は大きな宣伝のもとに行われたために大成功であったろうと当時の資料から推測することができる。翌年の京都南座における公演でも、この『聖エロワの夜』が上演された。

新橋演舞場『聖エロワの夜』のパンフレット。戦後ヒット作のひとつ。（筆者蔵）

戦後を代表する華やかな娘役スターたち。
右から水品美加、磯野千鳥、南條名美、紅八千代、小柳久子。（筆者蔵）

一〇月には大阪劇場において東西合同公演『秋のおどり』、一一月には国際劇場でも東西合同公演として第十四回『秋のおどり』が上演されており、この公演では服部良一作曲、藤浦洸作詞の『ビロードの夢』が主題歌として使用された。

歌い手の不足から充実へ

この頃の問題点として、回数を重ねるごとに優秀なダンサーたちは育っていったが、戦前の江戸川蘭子、小林千代子、春野八重子、彌生ひばり、光川珠江らのような歌手陣がいまだ生まれないことが挙げられた。戦後、そこを補填するため東洋音楽学校卒業の若山國子が一九四六（昭和二一）年に入団したのを皮切りに、声楽専科を設けて武蔵野音楽学校出身の春日玲子、同じく武蔵野出身の久邇京子、国立音楽学校出身の早坂七美、江波立子、光川洋子らを所属させ、もともとは歌手枠ではなかった柏三七子をプリマドンナとして起用するようになったほか、南條名美を歌える主役級男役として登場させたことが、劇団にとっては大きなプラスとなった。『シューシャイン・ブギ』『西瓜ブギ』などで松竹のブギ娘として売った藤浪ゆかりも一時期脚光を浴びるが間もなく結婚のために退団している。

一時期なレビュー歌手の不足時代を経て、昭和二〇年代後半には草笛光子、深草笙子などの歌う娘役が登場し、昭和三〇年代以降になると優れた歌手が続々と登場。レコードを発売しつつ、舞台を華やかに飾ることとなる。

松竹歌劇団のＯＧによるドリーム・グループ

続く一二月八日からの国際劇場公演はグランド・レビュー『怪盗ルンバ』（八景）であったが、この公演は松竹歌劇団と「ドリーム・グループ」との共演として上演された。

このドリーム・グループは戦後フリーとなった川路龍子を中心に、一九四七（昭和二二）年五月に松竹歌劇団のOGで結成された女性のみの劇団であった。

白木屋ラジオ劇場での第一回公演は『望郷（ペペルモコ）』（穂積純太郎・脚色演出）で、川路のほか宮川孝子、星光子、暁テル子、葉村みき子、月城彰子、山村邦子、大国阿子らが出演。松竹座で行われた第二回公演『嘘をつくならこれくらい』では、旗揚げメンバーのほか竹内京子、旭輝子が加わっている

第三回公演は『望郷』の再演が日劇小劇場で行われ、この公演には江戸川蘭子も加わって、少しずつ劇団が大きくなっていったことがわかる。そして数回の公演を経て、一九四九（昭和二四）年一二月の第七回公演は国際劇場において行われることになった。

このときのドリーム・グループの出演者は川路龍子、山村邦子、月城由貴、大国阿子、松濤朝子、梢くるみ、夢野雪子、草鹿多見子、浪路ヒロミ、早蕨葉子、潮洋子、久方桂子、青葉三枝子で、松竹歌劇団からは小月冴子、天野妙子、秋津嘉子、小夜ひろみらを筆頭に、以下生徒による助演が行われている。

戦後復興と歌劇の再興

一九五〇（昭和二五）年になると戦後の混乱も落ち着きを見せはじめたと同時に、松竹歌劇団は戦後黄金期を迎えていたといっても過言ではないだろう。この頃には一期生の選抜メンバーで編成された「ビューティー・フォア」が登場し、磯野千鳥、春風美加、住之江清子、久我渥美という顔ぶれで舞台を華やかに飾った。また、この年にそれまでの南條繁美が南條名美と改名して、以後長く活躍することとなる、

新春公演は国際劇場でお年玉レヴュー『ハッピー・パレード』（八景）で幕が開き、この公演は歌手の灰田勝彦をはじめ、川路龍子、大阪から勝浦千浪、大映からすでに大阪松竹を退団していた京マチ子、そして暁テル子が出演する作品で、松竹歌劇団が助演する形となった。

また前年封切の映画『踊る龍宮城』に続いて、オペレッタ映画『夢を召しませ』（川島雄三・監督）が公開されている。『踊る龍宮城』は東京の松竹歌劇団のみの出演であったが、この『夢を召しませ』は大阪から秋月恵美子、芦原千津子、勝浦千浪が招かれて、秋月・芦原が華麗なタップを見せたほか、主演の曙ゆりも華麗な白燕尾服で存在感を大きく示し、小月冴子、ＳＫＤダンシングチーム、そしてエキストラとして四期生の出演があり、今も現存する映像で楽しむことができる。

その後三月には第十九回『東京踊り』、五月に東西合同公演『黒薔薇の騎士』（十四景）、七月には第十六回『夏のおどり』（十六景）が、いずれも国際劇場において上演されている。この『夏のおどり』では第一景から「サン・ラス・ガール」として八十人の生徒が揃いの水着姿で踊る壮観なシーンからはじまる派手な作品で、特に七景「浮かれ西瓜」では藤浪ゆかりの休演で住之江ひとみが代役をつとめる予定であったが住之江も休演。急遽、小柳久子が『西瓜ブギ』を踊り歌ったことが大評判を呼ぶなど、いくつもの名シーンが好評を得たために豪華グランド・レヴュー『踊る銀河』（十六景）と題して続演が行われた。

八月には水の江瀧子、オリエ津阪、江戸川蘭子ら往年の歌劇スターが顔を揃えたグラン・ギャラ『歌劇スター・パレード』（十二景）、九月には第十五回『秋のおどり』（十八景）上演、そして一一月には戦前に水の江瀧子主演で大ヒット作となった『らぶ・ぱれいど』を新たな作品として製作したグランド・レヴュウ『らぶ・ぱれいど』（十五景）が国際劇場新装開場三周年記念として上演されている。曙ゆりはアルベール中尉（兄）、小月冴子はマリウス少尉（弟）とプリンス兄弟を演じた作品で、声楽家の荒牧規子が特別出演した。

また、この頃の松竹歌劇団の幹部からベストテンを紹介しておきたい。

【大幹部】曙ゆり、小月冴子
【幹部】天野妙子、柏三七子、南條名美、上原町子、村雨小夜子、磯野千鳥、紅八千代
【準幹部】一條敬子、衣川せき子、秋津嘉子、朝路かほる、五月のぼる（後の五月千晴）、千草かほる、久我渥美、西條明美、清水晶子、住之江ひとみ、小柳久子　若山國子
【ベストテン】小夜ひろみ、島瑞枝、三保ゆづる、春風美加（後の水品美加）、初音千鈴、中原由紀、三夜路美、沖鏡子、美園輝子（後の御園裕子）、吹雪美智子

戦中派も多く含まれるが戦後からの若手スターたちの台頭も目覚ましく、一期生の紅八千代はバレエの踊り手として名を馳せ、二期生で踊りに歌に抜きん出た才能を見せた小柳久子、端正な男役として長年歌劇団の発展に寄与する千草かほる、同じく男役の五月のぼるなどの名前が早くも登場しており、ここに名を連ねた生徒が戦後復興の重要な時期を支えた人々といえる。

一九五一（昭和二六）年一月には国際劇場の新企画として第一回『歌舞伎おどり』（十八景）が上演、大阪松竹から勝浦千浪を招いて全景日舞のみで構成された作品であった。その後、京都南座での公演を経て、三月には松竹歌劇創立三十周年記念としての第二十回『東京踊り』（二十景）が上演されている（プログラムに松竹歌劇創立三十年とあるのは、大阪の松竹楽劇部創立から数えたもの）。総経費三千万円という巨額を投じ、舞台セット、衣裳、いずれもス

ケールが大きく、それまでにない豪華絢爛な舞台を繰り広げたことが当時の舞台写真からもわかる。この公演時に派手な衣裳を身に着け「孔雀の踊り」を披露した、華やかな女役でプリマバレリーナでもある上原町子は歌劇団より優秀賞を与えられた。また日舞の振付師として初代・西崎緑が参加したことも、歌劇団として大きなプラスになったことだろう。そして、それまで主題歌レコードはコロムビアレコードより発売されているが、この年『東京踊り』の主題歌『東京さくら音頭（歌・曙ゆり、小月冴子、村沢良介）／東京八景（歌・眞木不二夫、台詞・曙ゆり、小月冴子）』はテイチクレコードより発売されており、『夏のおどり』主題歌である『浅草スーベニア（歌・眞木不二夫、台詞・曙ゆり、小月冴子、南條名美）／夏の夢（歌・曙ゆり、南條名美）』もテイチクレコードより発売されている。

そして七月には第十七回『夏のおどり』（十八景）、一〇月には第十六回『秋のおどり』（十六景）が上演されているが、男役の南條名美が大幹部に昇進したことから、川路龍子は別格として曙ゆり、小月冴子、南條名美というそれぞれタイプの違う男役大幹部スターが並び、公演の看板となったことは言うまでもない。また、この『秋のおどり』では川路龍子、曙ゆりがそれぞれ表紙を飾る二タイプのプログラムが発行されているが、川路龍子は日本の国旗を持った写真が表紙となっている。それは九月八日にサンフランシスコ平和条約が締結されたためで、公演のフィナーレ注釈には「新日本、平和日本の門出を祝福した意欲的な踊りとなり最高潮裡に幕となる」と記載されている。この頃、戦中派の男役であった日高なおみが退団したほか、歌手陣強化のため、それまで三人しか在籍しなかった声楽専科に久邇京子、早坂七美が加わった。また、この公演の大きな話題は「アトミック・ガールズ」が誕生したことで、その後長く松竹歌劇団の名物として舞台を盛り上げる存在となった。

そして暮れから翌年正月にかけては津島恵子、岸恵子、淡島千景、角梨枝子、水の江瀧子らが出演した国際劇場『スタア東京』（十景）に出演しており、この『スタア東京』が後の「松竹大行進」「新春松竹スターパレード」などの松竹専属の映画スターを続々と登場させた実演の先駆けとなった作品といえる。

ここで忘れてはならないのは、松竹歌劇団団歌『憧れの星座』(原浩一・作詞、田代与志・作曲)が一九五一(昭和二六)年一二月発行の『松竹歌劇』(十号)において発表されたことである。団歌であるため広く一般に親しまれた楽曲ではないが、団員や熱烈なファンにとっては親しみ深い歌となったことだろう。なお、一九五四(昭和二九)年一〇月に歌詞の一部が補筆されている。

また、この年の一〇月には松竹歌劇団の生徒が出演した松竹映画『夢多き頃』(佐々木康・監督)が封切られており、歌劇団のメンバーは「東京歌劇団」として出演。川路龍子、小月冴子、曙ゆり、村雨小夜子、秋津嘉子、藤里まゆみのほか、宝塚歌劇団から松竹映画へ移籍した淡島千景、また元松竹歌劇団の幾野道子、水木涼子などが顔を揃えている。

一九五二(昭和二七)年の新春、松竹歌劇団の単独公演としては第二回『歌舞伎おどり』(十二景)となるが、再び大阪松竹より勝浦千浪が出演、二景では秋津嘉子、島瑞枝、藤里まゆみ、吹雪美智子、麻耶みづほが「春姿五人男」で登場。六景の「お富と与三郎」では御馴染み川路龍子と小月冴子のコンビで演ぜられ、東京の新春らしい雰囲気で公演の人気は上々だったようだ。続いて大阪劇場の公演、三月には第二十一回『東京踊り』(二十景)を上演しており、注目の場面としては三景で草笛光子がサンバを歌ったほか、四景「私の青春」では小柳久子がコミカルに舞台狭しと踊り歌って観客を楽しませた。この公演は六十六日間のロングランとなり、天然色映画としても撮影・公開されている。この公演の主題歌レコード『春は東京踊りから』は、曙ゆり、小月冴子、磯野千鳥、草笛光子という顔ぶれでレコーディングが行われ、草笛の名前がクレジットされた最初のレコードとなった。

また公演とは関係はないが、この『東京踊り』上演前に行われた前夜祭のときに松竹歌劇団の制服が改めて制定された。実は一九四〇(昭和一五)年に南里枝、川路龍子によって考案され、戦前には既に使用されたものであったが、戦争のどさくさや物資不足によって長らく着用されないままであったため、改めて海老茶色に小豆色をかけたような深みのある紋付にグレーの帯、黒の袴が松竹歌劇団の制服として発表され、以後、長く公の場で着用されることになる。

『リオ・グランデ』の再演と草笛光子の抜擢

そして六月には一九三六（昭和一一）年五月に新宿第一劇場で初演され、戦前の名作のひとつとして数えられる『リオ・グランデ』が再演されている。

主だった配役では、かつて水の江瀧子が演じたリオ、リチャードの二役は曙ゆり、オリエ津阪が演じたジョンは小月冴子、草香田鶴子が演じたジャックは南條名美、可憐で華やかな娘役であった熱海芳枝が演じたアンを小柳久子、水の江の相手役として人気を集めた小倉みね子が演じたロリタを磯野千鳥、江戸川蘭子が演じたピアトリスは草笛光子というものであった。草笛はすでに注目の新人として扱われていたが、そこでこのグランド・オペレッタ・レビュー『リオ・グランデ』（十六景）において抜擢されたことは、さらなる人気に拍車をかけたといえる。

国際劇場が広大すぎるためにオペレッタや芝居要素の多い作品が失敗に終わってきたわけだが、歌劇人気が最高潮に達していたこのタイミングで再度芝居要素の多いオペレッタ作品に取り組んだ背景があったと思われ、監修補導として青山杉作が加わっている。

当時、アンを演じた小柳久子は当時のことを、私は台湾で育ったので日本語に訛りがあったんですね。それを日頃から先生方に注意されて、お芝居をするのが苦手になっていました。ところが演技指導で来られた青山杉作先生が「その訛りが君のチャームポイントなんだから、堂々と舞台に立ちなさい」とおっしゃってくださったんです。それで私はそれから堂々とお芝居ができるようになりました。

と回想している。

なおこの公演後に、国際劇場の改修工事が再度行われており、屋上の照明塔が整備されたほか冷房装置も完備されたことで快適に観劇できる環境が整えられた。

七月からは冷房が完備された国際劇場で第十八回『夏のおどり』(十八景)上演、この公演で新ユニット「スリーパールズ」が披露された。初代スリーパールズは淡路恵子、深草笙子、草笛光子というフレッシュかつ話題性の多い優秀な三人で編成されて圧倒的な人気を呼んだ。後々までメンバーが入れ替わりながらもユニット名は残ることになる。

一〇月から第十七回『秋のおどり』(十六景)が上演されているが、この公演中に大谷竹次郎会長の案内のもと高松宮夫妻が観劇したことが大きなトピックとなり、一一月一〇日公演時には皇太子立太子礼を祝して国歌斉唱、川路龍子の先導で万歳も行った。また、この公演の七・八景「秋月賦」では川路龍子演じる藤袴多聞の相手役として松竹音楽舞踊学校在学中で六期生の雪代敬子が大抜擢されて、一躍注目の新人として脚光を浴びることになる。

また編成されたばかりのスリーパールズだが、この公演後に淡路恵子が映画界へ転身したため、以後は明石月

初代スリーパールズ。右から深草笙子、淡路恵子、草笛光子。（筆者蔵）

子と入れ替わっている。

補足となるが、一九五五（昭和三〇）年に宝塚歌劇団『四つの花の物語』において、明石照子、長谷川季子《としこ》によって初演されたとされる『深川マンボ』（初代・西崎緑・振付）だが、宝塚歌劇団で上演される数年前（昭和二五・二六年頃）の松竹歌劇団の地方公演の際、すでに上演されていたという。元祖『深川マンボ』は秋津嘉子と小柳久子によって演ぜられていたことを、ここに書き残しておきたい。

明けて一九五三（昭和二八）年の新春は大阪の産経会館こけら落とし公演として出演、続いて国際劇場における公演は、それまで『歌舞伎おどり』と題していた作品を第三回『春のおどり』（十四景）と公演名を変更して上演。以後『春のおどり』として公演されることになる。三月には第二十二回『東京踊り』（二十景）が上演されたが、この公演は大幹部で松竹歌劇団の人気を支えていた大きな柱のひとつであった曙ゆりの引退公演となったため多くのファンが涙を流したことだろう。

ここで改めて曙ゆりに触れると、曙は一九二二（大正一一）年東京南足立郡千住出身、浜町で育つ。子どもの頃から歌うことが大好きで、父の勧めもあり一九三六（昭和一一）年に松竹少女歌劇学校に入学し、翌三七年の国際劇場こけら落とし公演『国際東京踊り』で初舞台を踏んでいる。同期生のなかでも最も早く頭角を現した男役は曙で、振付師だった山口国敏の後押しによって、水の江瀧子が去った戦時中松竹少女歌劇の新進スターとして脚光を浴びるようになった。同期の小月が江戸前の粋さが身上であったのに対し、曙は甘い洋菓子のにおいが漂うような柔らかさ、明るさに包まれていた。

『東京踊り』の作品自体はオレンジジュースのバヤリースとのタイアップが行われたほか、九景では『東京踊り』

名物となったキューピーが初めて登場。少年に扮した曙ゆりとチーターを演じる小柳久子のシーンにキューピー役の生徒が続々と登場、当時の流行語であった「アジャパー」を使用する楽しい場面であった。ほかにも十九景「春のファッション」ではジョージ岡がデザインした衣裳を身に着けたファッションショーが展開されて、おしゃれに敏感な女性の観客たちに喜ばれたであろう。なお、この公演から新たな振付スタッフとして新井重美、見谷八重子、市川翠穂、花柳寿美園が加わっているほか、来日していたハリウッド俳優のケリー・グラントが観劇したことが当時の機関誌にて紹介されている。

また一九五〇（昭和二五）年に新たに設立された松竹音楽舞踊学校の第一回卒業生である六期生が、この『東京踊り』で初舞台を踏んでおり、以後『東京踊り』が新入団生の正式は初舞台となった。六期生には後に映画女優となる雪代敬子と長谷川待子、常夏滝子、故里弥生、高砂久実などがおり、後にスターとなる生徒が多く入団した年であったといえる。

Interview 1 ☆

小柳久子

インタビュー

(こやなぎ・ひさこ)

台湾出身。水の江瀧子が座長をつとめる劇団たんぽぽを経て、1947(昭和22)年に松竹歌劇団入団。戦後2期生。歌って踊れる新しいタイプの娘役として注目を浴び、戦後の松竹歌劇団黄金時代を支えたひとりとなった。
1956(昭和31)年に松竹歌劇団退団後は東宝に移籍、東宝ミュージカルや東宝歌舞伎に出演して、日本のショウビジネス界に長く身をおいた。

小針　小柳さんは台湾の台中出身で、お父様が台中で一番大きな「台中座」という劇場の支配人をされていたわけですけど、ここで戦時中に松竹少女歌劇団公演が行われていますよね?

小柳　そうですね、水の江さんはいらっしゃらなくて、オリエさんと並木路子さんたちが出演されていました。父が「つぼみ会」という児童舞踊団を主宰していまして、その先輩が並木路子さんでした。

小針　そうですか。戦後の『松竹歌劇』誌に小柳さんと並木さんのツーショットが掲載されてますよね。松竹歌劇団以外ではほかにどのような方々がいらっしゃいましたか?

小柳　古い劇場が火事で焼けて、新しく鉄筋コンクリートで開場したときのこけら落としには栗島すみ子さんの一座がいらしたわね。あと、三浦環さん、初代・松旭斎天勝さん、藤原義江さん。それから関西歌舞伎ね。二代目・中村鴈治郎さんなどがいらっしゃいましたよ。

小針　当時を代表するそうそうたる顔ぶれですね。

小柳　そんな環境だったので三・四歳くらいから舞台に立っていました。たとえば天勝さんの場合、子どもさんを舞台にあげて、ジュースが出ますよとか手品を披露するわけです。そのときに舞台へ出たりして…。関西歌舞伎が来て『菅原伝授手習鑑』の「寺子屋」を上演したとき、セリフがある役は劇団の子役なのですが、その他大勢だと私たちも出たのですよ。

なので坂田藤十郎さんにも後で「なんだ、じゃあ僕より先に歌舞伎に出てたの」なんて言われました。

それから子どもの頃から洋楽が好きで、台中座は映画も上演していたのでシャーリー・テンプルに憧れて、テンプルちゃんと黒人が階段でタップ踏む映画がありましたでしょ？　それを劇場の階段で真似たりしたんですよ。うちの劇場に黒人のジャズタッパーが来演したことがあって、彼等からタップも教わったりしました。

小針　**戦前からジャズやタップに親しんで育たれたのですね。それから戦時中の女学校時代を経て、日本へ引き揚げていらっしゃるわけですが、どのような経緯で松竹歌劇団へ入られたのですか？**

小柳　私は松竹歌劇団に入る前に松竹ダンシングチームに所属し、水の江瀧子さんの「劇団たんぽぽ」に出演していました。そのときは須賀不二夫さんや田崎潤さん（当時は田中実）そして村田正雄さん（当時は稲葉正一）などが在籍されていて、みなさんご一緒でした。

劇団たんぽぽでの初舞台は『白波五人男』で、水の江さんが弁天小僧を演じられていました。それから『おしゃべり村』なんかも出演しましたね。

小針　**『おしゃべり村』っていうと、劇団たんぽぽの有名な作品ですよね。**

小柳　『おしゃべり村』はかわいそうな物語なのですが面白い作品なの。「♪私は踊り子 しがない町の踊り子」って水の江さんが歌うのですが、すごくよかった。

小針　**では、劇団たんぽぽを経て、松竹歌劇団に入**

られたわけですね。

小柳　そうです。私はＳＫＤだと本当は三期生になるのですが、それまでに舞台経験があったので二期生へ編入になりました。聞いた話では、二期生の応募者は二千人もいたそうですよ。そこから採用になったのが四十人だったのね。

小針　**二千人ですか！　当時の歌劇人気が伝わってきますね。同期には千草かほるさん、桂木洋子さん…。**

小柳　桂木は技芸員になるかならないかくらいの時期に、木下恵介監督に見初められて映画の方へいってしまいましたね。お友達だったから帝国ホテルでの結婚式も行きましたが、そのときのダンスパーティーで佐田啓二さんとダンスを踊ったら、みんなから白い眼で見られて（笑）。それはよく覚えてる。あー、みんなに睨まれてるなぁって（笑）。

小針　**佐田さんといえば、当時最高の二枚目俳優ですものね（笑）。それから、同期に御園裕子さん。**

小柳　彼女も映画界へ行き、浜世津子と改名して最後は大映にいました。あの頃は映画に行った人が多かったですよね。上級生だと幾野道子さんとか空あけみさんとか。それから、同期で一番の親友だったのが沖鏡子でした。

小針　**そうですか。当時は、どんな上級生がいらっしゃいましたか？**

小柳　星光子さんにあこがれて、舞台を拝見したときに、私はこの路線だなって感じました。

小針　**その頃だと、眸瑠璃子さん、松濤《まつなみ》朝子さん、天野妙子さん、上原町子さん、藤浪ゆかりさん、西條明美さん…。**

小柳　藤浪さんは三枚目のかわいらしい方で、ジャズっぽい歌をうたうのね。西條さんは背が高くて外国の方みたいな感じ。それから、蓮見あかねさんは一期生でとても素敵な男役だった！　みなさん素敵な上級生でしたよ。

小針　**終戦直後の松竹歌劇団を代表する方々ですね。国際劇場が復興する前は、進駐軍の慰問もされていたわけですよね？**

『松竹歌劇』(1955年6月号)のグラビアを飾る小柳久子氏。(筆者蔵)

小柳　昭和二一～二三年頃は進駐軍の慰問がよくありましたね。練馬、福生のほうや横浜など、それから如水会館なんかも行ったかしら。あちこち行きました。

それまで飲んだことがなかったコカ・コーラとかバヤリースオレンジを飲ませてもらったり、宿舎からはバターが香ってきたり。将校クラスの慰問になると、サンドイッチやビスケットなどをもらえたのでうれしかったですよ。

小針　進駐軍のステージはどんな感じだったのです

か？

小柳　歌劇だけではなくて、いろいろな出し物のグループが出演するのですよ。私たちはダンシングで、上級生などは私たちのコーラスで『ユー・アー・マイ・サンシャイン』などジャズをバックに二・三曲、フロアで踊ったりしましたね。

小針　進駐軍の舞台は何時くらいからの公演なのですか？

小柳　進駐軍は夜ですね。昼間の舞台が終わってから出発しました。今だったらスーツケースに入れて衣裳とか持っていけるでしょ？　その頃は、大きな風呂敷に自分の衣裳を包んで迎えのトラックに乗るんです。トラックも、幌があったりなかったりして(笑)。

小針　トラックはどこから出発したのですか？

小柳　あの頃は新富町に松竹歌劇団の稽古場がありました。そこから出発していたかしら。なので帰りは夜中ですよ。

小針　その頃、ステージ衣裳などはどうされていましたか？

小柳　衣裳は空襲の焼け残り。焼け残った衣裳が衣裳部にあって、それを着たんですよ。戦前の衣裳でしょ。背中のチャックはなくて留め金で止めていたのですが、それも破れちゃって…。ひどいものでした(笑)。

小針　そうですか(笑)。そして一九四七(昭和二二)年に『ラッキィ・スタート』で国際劇場の再開場になると思うのですが、その頃のことをお聞かせいただけますか。

小柳　私は『ラッキィ・スタート』に出ていないのですよ。私たちの班はそのとき、松竹座の方で『踊る東京』という作品に出演していました。

小針　その頃は、国際劇場の観客動員数が凄かったと聞きますが、どのような感じでしたか？

小柳　凄かったですよ。お正月になると国際劇場のまわりを二重三重に取り巻いて、客席は満員。通常公演が三回だったところ、お正月は五回も公演しましたから。

小針　五回公演！　それは初耳でした。合計したら物凄い観客動員数ですね。

それから小柳さんは一九四九（昭和二四）年に『聖（サンテ）エロワの夜』で川路龍子さんの妹役に抜擢されていますが、そのときのお話しをお聞かせいただけますか？

小柳　新橋演舞場でしょ？　これはね、上級生たちで役が決まっていたのに、ストライキを起こしちゃったのです。いろいろと事情があったようなのですが、それで私が代役で川路さんの妹・ルイザ役に抜擢されました。

小針　**そんなことがあったのですか。小柳さんは川路さんの相手役もたくさんされていらっしゃいますよね。それから小柳さんは当時大流行の「ブギウギ」を使用したステージでも注目を浴びられるわけですが…。**

小柳　『シューシャイン・ブギ』『西瓜ブギ』などやりましたね。あれはもともと藤浪ゆかりさんがエプロンステージで歌われていて、私達下級生は後ろ四人で踊っていました。それが急病か何かで藤浪さんが当日出演できなくなり、仟之江ひとみさんが代役で歌う予定だったはずが、住之江さんも病気で休演。それで急遽、私が代役をつとめることになりました。

いつか私もあんな役をやりたいと思いながら後ろで踊っていたので、いざ本番となったときにちゃんとできちゃったのですね。それで私の役になってしまい…。

小針　**それ以降『シューシャイン・ブギ』『西瓜ブギ』は小柳さんの役になったのですね。**

小柳　あと『国際最大のジャズショウ』という公演があって、これが大当たりで観客がいっぱい入りました。私は有島一郎さんとコンビを組んで出たのですが、それが受けちゃって受けちゃって…。それでテレビやラジオへの外部出演が多くなり、後に東宝へ行くきっかけにもなりました。

小針　**お二人の楽しいステージが目に浮かぶようです（笑）。そして小柳さんは準幹部、幹部と着実に昇進されるわけですが、ここで一九五四（昭和二九）年**

松竹歌劇団の戦後黄金期を彩った華やかさは、今も健在。

に行われた第一回東南アジア公演のお話しをお聞かせください。

小柳　当時はプロペラ機でした。私は乗り物が苦手で、乗り物酔いして大変でしたが、バンコクやシンガポールは台湾と同じような雰囲気でしょ？　なので、着いたら元気になりました（笑）。

それで公演前にご挨拶をするのですね。（タイ語で当時の挨拶の様子を再現する）

「紳士淑女の皆さん、私は小柳久子と申します。これから一か月間文化交流で『東京踊り』をご覧に入れます。どうぞ、よろしく。」

…というようなご挨拶をタイ語で行いました。

小針　すごいですね！　そのように挨拶されたのですか。バンコクに到着したときには、まだ出演する劇場が完成してなかったみたいです。

小柳　そうなの！　楽屋もトイレもなくて作ってもらうの大変だったの。なにしろ、いろいろな設備が整っていなくて、トイレもあまりにもひどくて下級生たちは泣きだしてしまったのよ。それではいけないということで、オングさんという劇場の社長さんのお宅の部屋を借りたんです。

それから、ホテルに宿泊することになったのですがシャワーもお湯が出るホテルは一か所だけで、あとは水だけでしょ。ベッドもツインとかダブルベッドに四人で寝たりしていました。

小針　食べ物はどうだったのですか？

小柳　私は台湾出身だからパパイヤでもライチでも子どもの頃から食べていますが、戦後だから皆さんはパパイヤなんか食べたことがないのね。ニオイで食べられないから、最初は私ひとりで食べていたのですが、そのうち皆さん慣れるでしょ。最後の頃は、私のところまでパパイヤが回ってこなくなっちゃって（笑）。

小針　そうでしたか（笑）。それからその頃、東西合同公演がありましたよね。秋月恵美子さん、芦原千津子さん、勝浦千浪さん…。

小柳　そうそう、勝浦千浪さんは『歌舞伎おどり』などによくいらっしゃってましたね。あと米花眞砂子さん、香住豊さん。あの頃はすごくよかったですよ。楽しかったです。

私が合同公演に最初に出演したときは、まだ京マチ子さんが大阪松竹にいらしたの。真っ黒な髪の毛でオカッパ頭にして、綺麗でしたよ。まるで京人形みたいで。

それから『国際最大のジャズショウ』にも芦原さんはいらっしゃってるでしょ？　すごく素敵だった。

小針　**そして、一九五六**（昭和三一）**年の『東京踊り』を最後に退団されるわけですが…。**

小柳　退団する前から「小柳は引き抜かれるんじゃないか」と、ずっと会社から思われていたのですが、そんなことはありませんでした。でも、東南アジア公演の前くらいには退団しようかな、とは思っていたのよね。それで、東宝の菊田一夫先生からお声がかかったので移籍をしました。

小針　**菊田先生ですか。歌劇を引退されてからは東宝ミュージカル、東宝歌舞伎などとさらに活躍の場を広げられるわけですね。今回は貴重なお話しをありがとうございました。**

二〇二四年五月二八日談

第六章　世界に羽ばたく松竹歌劇団

さよならターキー

松竹歌劇団の本公演ではないが水の江瀧子が舞台生活を引退するため、一九五三（昭和二八）年六月六日国際劇場において舞台生活二十五年引退特別公演『さよならターキー』（十二景）が上演された。すでに水の江は歌劇団の生徒ではなかったが、国際劇場再開まもなくの一九四八（昭和二三）年二月には劇団たんぽぽとしてショウスタイル大西部劇『薔薇と拳銃』（水島道太郎との共演）を皮切りに、「狸御殿映画」でターキー人気が再燃すると男役を復活させ、一九四九（昭和二四）年九月『満月狸御殿』（宮城千賀子、喜多川千鶴、月丘夢路らとの共演）、一九五〇（昭和二五）年一月からは『歌うまぼろし御殿』（暁テル子との共演）、同年八月には『歌劇スターパレード』、同年九月『ターキープレゼント 星夜の招待』、一九五一（昭和二六）年二月『テキサス・ロード』、同年六月『ストロー・ハット』、一九五二（昭和二七）年一月『スタア東京』、同年三月『テレビジョン時代 歌わん哉踊らん哉』、同年九月『絢爛たるパレード』など、ほかにも国際劇場で男役に扮した水の江が出演する公演が度々行われている。

これらの公演には松竹歌劇団からの出演も行われており、機関誌『松竹歌劇』にはことあるごとに水の江がグラビアに登場し、この水の江の引退公演後の同年一〇月には国際劇場の正面入り口右側に「踊る水の江さん」の絵画も掲げられるようになった。

この『さよならターキー』公演には芸能界から錚々たる顔ぶれが揃い、スーパースターであった水の江ならではの豪華な公演が実現した。プログラムに記載されている特別賛助出演者は以下の通りである。

高峰三枝子　木暮実千代　京マチ子　月丘夢路　淡島千景　暁テル子　オリエ津阪　秋月恵美子
芦原千津子　勝浦千浪　香住豊　米花眞砂子　淡谷のり子　橘薫　小林伸枝　旭輝子　並木路子　織井茂子
池真理子　赤坂小梅　松島詩子　大国阿子　菊池章子　三門順子　山村邦子　桂木洋子　幾野道子
井川邦子　星美千子　御園裕子　紙京子　草間百合子　岸恵子　魚住純子　朝霧鏡子　淡路恵子　桜むつ子
小園蓉子　野添ひとみ　東谷映子

市川猿之助　上原謙　古川ロッパ　辰巳柳太郎　鶴田浩二　竜崎一郎　岸井明　河津清三郎　田崎潤
佐田啓二　高橋貞二　三橋達也　川喜多雄二　須賀不二夫　木戸新太郎　灰田勝彦　伊藤久男　鶴田六郎
津村謙　林伊佐緒　あきれたぼういず　万城目正　服部良一　渡辺弘とスターダスターズ　桜井潔

ほかに、歌劇団の生徒からは天野妙子、柏三七子、磯野千鳥、小柳久子、秋津嘉子、水品美加、千草かほる、吹雪美智子、島瑞枝など、さらに曙ゆり、堺駿二、丹下キヨ子、有島一郎、渡辺はま子らによる助演、製作スタッフにもそれまで水の江の舞台を作り上げて来た人々が集結している。

公演内容は水の江が歩んだレビューの歴史をたどるもので、かつて多くのファンを熱狂させた名作の一場面を現役生徒やゲストとともに再演している。

再現された作品は第二景で『先生様はお人よし』『メリーゴウランド』『陽気な中尉さん』『青い鳥』『シャポープランタン』『薔薇の騎士』、第三景『タンゴ・ローザ』などで、ほかにも劇団たんぽぽの当たり狂言であった『おしゃべり村』や映画で人気が再燃した『花くらべ狸御殿』など、華やかな演目が繰り広げられている。

『松竹七十年史』には「思い残すことのない大活躍で、ファンを喜ばせ、興行は連日大入り売切れの盛況であった」と記されている。

なおこの公演では五期生の戸川真澄が、水の江の二代目ともいうべき存在として江川滝子と改名しお披露目。江川は舞台照明家として有名であった小川昇の娘でアーニーパイル舞踊団出身、なぜ江川滝子を名乗ったかというと若いころの水の江に似ているからで、その後も国際劇場の舞台に立ちながら美空ひばり主演の映画『お嬢さん社長』に歌劇スター役で出演するなどして活躍した。

いずれにしろレビューの舞台から水の江瀧子と大幹部であった曙ゆりがほぼ同時に引退したことは、ひとつの区切りになったことは間違いないだろう。


七月に上演の第十九回『夏のおどり』（十六景）では「羽衣」をテーマとして全景を展開した点が近年珍しく、十景ではウクレレを抱ながらフラダンスを踊るスリーパールズ、巨大な恐竜の骨を背景に川路、小月、南條が踊りまくる十三景『ダンシング・グラス』も観客を大いに驚かせた。この期間中八月一・二・三日には特別イベントとして『歌劇まつり』が開催されており、大阪松竹から秋月、芦原、香住、勝浦、米花が駆け付けたほか、劇場ロビーでは団員によるサイン会、ロビー階段ではファッションショーが開かれるというファンサービスデーが行われた。

九月には第十八回『秋のおどり』（十八景）が上演されており、ここではシャンソンが登場。シャンソン歌手の高英男が指導者として参加し、十五景「巴里っ子」では南條名美、柏三七子、紅八千代らによってシャンソンの景が展開された。ほかに三景「児雷也銀座に現る」では一條敬子が児雷也に扮して現代の銀座をゆく美しい女性たちに仰天する面白い景、五景「恐妻カップル」では雌鶏・小柳久子、雄鶏・藤里まゆみが踊りまくり、十一景「トロピカル・メドレー」は小月、南條、一條の男役、磯野、四條、草笛ら娘役が派手な衣装に身をつつんで松竹歌劇らしい場面となった。この公演時の主題歌レコードは草笛光子による『赤い恋の花』と、南條名美・深草笙子『誰かわたしに』のカップリングでコロムビアレコードより発売されている。

この年の一二月一四日から三〇日まで第二回『国際最大のジャズショウ』が行われている。当時もっとも人気を集めていたジャズ歌手・江利チエミ、雪村いづみ、またビッグ・フォアー、キューバンボーイズが出演し連日大入り満員。松竹歌劇団からは上原町子、磯野千鳥も出演して華やかな舞台を繰り広げ、以後この『国際最大のジャズショウ』は恒例行事として続けられることになる。

淡路恵子、草笛光子、そして雪代敬子

ここで四期生・淡路恵子、五期生の草笛光子、六期生・雪代敬子にふれなくてはならない。

まず淡路恵子は入団間もなくの一九四九（昭和二四）年、黒澤明監督の映画『酔いどれ天使』に抜擢された。戦後の荒廃した世相のなかで、屈折した生活を送る若き娘ダンサー役を演じたことで世間に大きな衝撃を与えた。そして歌劇団に正式入団した後も映画に出演し、女優としての地位を築き上げていった。川路龍子と淡島千景のファンだったことから「淡路」という芸名を名乗り、後年プライベートでは春日宏美と親しく交友。生まれ変わったら、再び歌劇の舞台に立って春日の相手役をしたいと語るほど、松竹歌劇を愛した生涯を送った。

そして今なお映画で主役を張り続ける草笛光子は一九四九（昭和二四）年入団、歌も踊りも抜群のセンスと才能で他の追随を許さず「十年に一度の天才」と言わしめるほどであった。一九五二（昭和二七）年には異例の早さで準幹部、翌年には幹部へと昇進、在団生徒で二階級特進となったのは草笛が歌劇団史上初めてである。また『純潔革命』では映画初出演を果たすなど、歌劇時代からスター街道をまっしぐらに歩む生徒であった。

また、派手なドレスに身を包んで華やかな洋舞で観客を魅了した淡路、草笛に次いで登場したのが、六期生の

雪代敬子であった。雪代は松竹音楽舞踊学校が開校された最初の生徒として三年間みっちり舞台に立つための基礎を学び、一九五三（昭和二八）年に正式入団。しかし、前述のとおり正式入団前であった一九五二（昭和二七）年『秋のおどり』では川路龍子の相手役に大抜擢され、早くも注目の生徒として将来を嘱望される存在となった。抜擢された理由としてステージマナーの良さが挙げられ、川路や演出部などの推薦もあっての配役だった。同年には松竹映画『未完成結婚曲』に初めて出演したのをきっかけに、歌劇と映画の両方で並行出演し、一九五四（昭和二九）年には松竹映画へと移籍して長く活躍することになる。

淡路は一九五二（昭和二七）年、草笛は一九五四（昭和二九）年退団と、それぞれ松竹歌劇団に在団した期間は短いが、その後の女優としての基礎は歌劇時代に培われたものが大きいのではないだろうか。

安定した公演

一九五四（昭和二九）年の新春公演も前年同様に大阪産経会館で行われている。出し物は川路龍子、小月冴子の二人による日舞『虎龍』、小沢不二夫作のオペレッタ『魅惑のドラム』（九景）、グランドレビュー『東京踊り』（二部二十景）であった。国際劇場における新春公演は第四回『春のおどり』（十四景）で、一景では当時存在した邦楽専科による「お囃子ジャズ」が演奏され、二景では川路、小月、一條、小柳による「三人猩々」が新春らしく、十三景「芝居絵」では再び川路龍子の相手役に雪代敬子が起用されたことも話題となった。そして最後の十四景では『カブキブギウギ』が歌われるなど、意欲的に面白い作品づくりがなされているのが興味深い。特に当時一世を風靡していた映画『君の名は』（大庭秀緒・監督）を『人形振り 君の名は』として四景で上演しているのが時代を反映している。

続いての第二十三回『東京踊り』（十六景）は後に松竹歌劇団名物となった火事・屋台崩しが初登場したほか、

この公演の様子は日本初のシネマスコープ映画として撮影され、国内のみならず世界に向けて公開されている。この公演での特筆点はスリーパールズのひとりで、期待の若手として注目を浴びていた草笛光子が退団したことであろう。有望な若手娘役が欠けてしまったことは松竹歌劇団にとって大きな損失となったが、東宝への移籍は現在までのミュージカル女優としての大成功を考えると正しい判断だったといえよう。七期生として四十九名が入団、この中には映画女優となる七浦弘美（七浦弘子）、扇三千代、真砂さゆりなどがいた。

七月一日には第二十回『夏のおどり』（十六景）、八月五日からは夏のおどり二十周年記念興行として久しぶりの東西合同公演『夏のおどり 踊る祭典』（十六景）が行われて、大阪から秋月恵美子、芦原千津子、勝浦千浪、香住豊、米花眞砂子、牧香織らおなじみのスターが登場。プログラムには延べ二千名の総動員と記されている。

一〇月からは芸術祭大衆芸能部門参加作品として第十九回『秋のおどり』（十八景）が上演、新たに矢田茂、福井日出夫、松見登が振付スタッフとして加わった。この公演がアトミック・ガールズ結成三周年に加え、十回目の公演となったことから、アトミック・ガールズ初代班長であった四條邦代を再び班長に迎えて、ここで改めてアトミック・ガールズの美しさを観客に示した。三景「迷月名美形平次」では南條が平次を演じ、チャヤコこと小柳久子がガラッ八ならぬガラッチャヤコを演じており、演技指導として俳優の有島一郎が参加したのは想像するだけでも面白い。

そして一一月からは戦後松竹歌劇団が一つの到達点に達した出来事として、戦後初の海外公演・第一回東南アジア公演が実現している。

戦後初の海外公演となった第一回東南アジア公演

以前から海外公演の話題は定期的に上がって、一九五二（昭和二七）年には台湾公演が実現しかけた新聞報道も確認することができるが、いずれも実現せず、松竹歌劇団としては念願の海外公演が行われる運びとなった。

東南アジア公演に際して、一一月二三日に国際劇場において『東南亞細亞公演派遣団歓送会』も行われ、司会の有島一郎が参加生徒の全員を紹介したほか、参加した生徒の最上級生であった上原町子が「日泰親善のために一生懸命にやって参ります」と挨拶をした。

参加した生徒は全三十四名、生徒の名を記すと

上原町子、磯野千鳥、小柳久子、千草かほる、吹雪美智子、四條邦代、八坂圭子、朝雲豊、長谷川待子、常夏滝子、茜美喜、帯刀節子、明石月子、尾上喜久乃、天草めぐみ、里見洋子、火花黎子、真砂さゆり、日比野あけみ、環洋子、如月みすゞ、駿河みゆき、波路のり子、若宮啓子、松葉ゆかり、朝風うらゝ、冴みはる、久美恵子、浅間よし江、八條ひかり、月鏡子、京山みどり、山野こだま、巽恵美子

であった。

羽田飛行場からプロペラ機に搭乗し、バンコクに到着した一行は、一二月の一か月間をエンパイアシアター、一月の前半でクイーンシアターに出演する予定であったが、なんと一行が到着した時点でエンパイアシアターは建設工事中であった。ほかにショウを上演する商業劇場はなく、事前に注文していた照明設工事が難しく後回し

第一回東南アジア公演の際、現地で販売されたパンフレット。
表紙は小柳久子。(小柳久子氏蔵)

になっていたという有様で松竹のスタッフは大慌てだったが、なんとか無事に完成。しかしレビューを観たことがない現地スタッフとの連携は困難を極め、スムーズに進行することが難しいと思われたが、なんとか無事にステージを開幕することができた。演目はモダン・バレエ『モンゴリアン・ナイト』、ミュージカル・ファンタジー『白鳥の唄』、『マダム・バタフライ』、そして『東京踊り』の四本立ての舞台で、大入り満員の大盛況、大評判の公演であった。

そして劇場公演のほか、タイ首相宅で三十分ほどのショウを上演し、一月一一日にはタイ国立劇場において現地芸術学校生徒と交流するなど、一行は日泰親善使節としての役割も滞りなくこなしている。

一月二九日より一行はシンガポールへ移るが、まだまだ戦争の傷跡が深く残る時代。シンガポールでは事前に一行の入国反対ビラが貼られるなど物騒な様子だったとされており、一行が入国する際は私服警察による護衛つきの厳重警戒体制であったが、暴動などは起きることなく無事に現地での公演を行うことができた。当初は緊張のなかで行われた公演であったがシンガポールでの公演も大成功となり、シンガポール興行史上まれにみる興行成績だったと当時の記事に記録されている。

一九五五（昭和三〇）年も新春公演は大阪産業会館、国際劇場では第五回『春のおどり』（十四景）が行われ、三月三日からの国際劇場、第二十四回『東京踊り』（十八景）は東南アジア公演を終えた生徒たちが加わったと同時に松竹創立三十五周年記念も重なったために、より華やかな舞台となった。第一景「さくら太鼓」では一條敬子を中心に数十個の大太鼓を演奏し、三景の「春怨」では川路と小月のコンビで日舞をみせ、八坂圭子を中心に制服姿の生徒たちが三味線演奏を行う様子は目を引くものであった。本公演は、八十日間という記録的な公演となり、二の替りでは第五景に東南アジア帰朝記念「夢の東南アジア」が加えられ、タイの王子を千草かほる、タイの唄手を深草笙子、タイの娘を四條邦代、宮殿の男を浅間よし江が演じた。この公演中である四月一日には来日していたタイ外務大臣が国際劇場を訪問し観劇、公演後に二階応接室でパーティーが行われて、生徒たちと数か月ぶりの再会に和やかな雰囲気であったことが伝えられている。この公演では長谷川わかめ、八條ひかり、山鳩くるみ、巽恵美子、姫ゆり子ら二十九名が八期生として入団。同期には芦川いづみ、野添ひとみ（当時は野添もと子）がいるが、正式入団する以前に映画界へ移っている。

そして七月一日から第二十一回『夏のおどり』（十四景）の上演、九月には歌劇団の新団長として岩田至弘が就任。この時期には十期生のなかから藤代暁子《きょうこ》、青江奈美、瞳麗子、千羽つる子が選抜されて、新しいビューティー・フォアとしてお披露目が行われたほか、九月には第一回『国際最大のミュージカル・ショウ　南海の女群』が上演されている。この公演には水品美加など松竹歌劇団のメンバーのほか、淡路恵子、小林トシ子、ビンボー・ディナウ、有島一郎、市村俊幸らの人気俳優、ほかに東京キューバンボーイズ、小野満とフォア・ブラザースが出演する舞台であった。この舞台ではリズム&ブルースが演奏されており、日本の大劇場で演奏されたかなり早い例ということができる。

そして一〇月には芸術祭参加作品として第二十回『秋のおどり』（十五景）の上演。十一景「レディ・オブ・スペイン」では小月・磯野コンビによる華麗なスパニッシュが見ものとなった。

続々と登場する次世代スターたち

一九五六（昭和三一）年も新春公演は大阪産経会館で行われ、一月二日からは国際劇場において第六回『春のおどり』（十二景）の上演。この『春のおどり』では川路龍子演じる公達の相手役として準幹部の美樹ゆたかが起用されたほか、六景「桃李」では孫悟空の物語がレビュー化されて孫悟空＝勝浦千浪、沙悟浄＝一條敬子、猪八戒＝麻耶みづほ、三蔵法師は八坂圭子が演じ、楽しい舞台を展開した。

三月一六日から上演された第二十五回『東京踊り』（十七景）は二十五周年公演としてパンフレットには大谷竹次郎、城戸四郎が寄稿するなど、力を入れた公演だったことがうかがい知れる。この公演時に「エイト・ピーチェス」が初登場し、初代メンバーとして尾上喜久乃、帯刀節子、越路百合香、天草めぐみ、里見洋子、火花黎子、絵島五十鈴、汐路洋子が抜擢されたほか、昇進試験の結果も公表されている。また九期生として二十五人が入団しており、この中には滝川さぎり、沖千里、音羽悠子、柳千恵子、そして一九六一（昭和三六）年に映画界へ移籍し、作家・寺山修司夫人となった九條映子がいた。寺山修司が初めて九條を観たのは国際劇場の二階席からで、それから九條のファンになったと言ったそうだが、それについて九條は「国際劇場の二階から見たって誰か判別なんかできないから、それは嘘」と後年笑いながら映像で語っている。
一九五六（昭和三一）年三月時点の幹部スターは以下の通りである。

【大幹部】小月冴子、南條名美
【大幹部待遇】上原町子、天野妙子、柏三七子、磯野千鳥
【幹部】紅八千代、一條敬子、小柳久子、水品美加、千草かほる、吹雪美智子、深草笙子、八坂圭子、四條邦代、江川滝子、常夏滝子、長谷川待子、麻耶みづほ

常夏滝子は大阪松竹のスターであった芦原千津子の姪で、長谷川待子とともに六期生で初めて幹部に昇進した生徒となり、そして優秀な人材が揃っていた四期生のなかでも演劇面で必要不可欠となっていた麻耶みづほもここで幹部に昇進している。トップテンには、後に小月、南條の後を継ぐ男役として人気を集めた滝川さぎりの名もみられる。

六月三〇日からは国際劇場開場二十周年記念興行として第二十二回『夏のおどり』（十六景）の上演、フィナーレには大滝シーンが初登場して観客を楽しませ話題となった。九月二六日から芸術祭参加作品として第二十一回『秋のおどり』（十八景）が上演されている。『秋のおどり』には、病気のために前回『夏のおどり』へ不出演であった川路龍子が復帰出演したほか、それまで大幹部待遇であった磯野千鳥が大幹部に昇進している。磯野千鳥は一九四二（昭和一七）年宝塚音楽舞踊学校に三十二期生として入学するも戦時下だったため退学。一九四五（昭和二〇）年に松竹歌劇団一期生として入団した生徒であった。なお、娘役が大幹部に昇進したのは初めてのこととなった。

左から九條映子、滝川さぎり、南あきら。（筆者蔵）

さらに、エイト・ピーチェスとアトミック・ガールズが芸術祭奨励賞を受賞している。

一九五七（昭和三二）年になると、それまで四年連続で行われていた大阪産経会館での新春公演は行われておらず、一月二七日から国際劇場における第七回『春のおどり』（十四景）で幕が開いている。三月からの松竹歌劇団創立三十年記念公演と銘打たれた第二十六回『東京踊り』（十八景）では藤代暁子、後に映画女優となる瞳麗子など十期生三十九名が入団。六月には第二十三回『夏のおどり』（十六景）が上演され、この『夏のおどり』には作曲家でピアニストの中村八大が初めて音楽スタッフとして加わっている。また、高砂久実、八條なおみ、沖千里、牛久保恵子、火鳥亨子、朝霞あゆみら六人によるユニット「トップタップシスターズ」、姫ゆり子、真城千登世、音羽悠子による「スリーキャナリーズ」が誕生したのもこの公演であった。華やかな若手が大きく活躍する場面が増えたことは喜ばしいことで、戦後復興期から「もはや戦後ではない」と言われた時代へ、次世代スターの転換期だったともいえる。さらにこの公演から表彰制度が取り入れられ、第一回の努力賞として汐路洋子、有明ゆり、新人賞は真帆てる海が受賞。表彰制度の導入は以後出演者のモチベーションアップに大きく貢献したのではないだろうか。

九月二七日からの国際劇場復興十周年記念公演の第二十二回『秋のおどり』（十八景）ではタップダンサーのレジェンドである荻野幸久ほか、横山はるひ、五條珠実、西崎真由美、西崎智寿美、藤間勘十郎、藤間大助が新スタッフとして参加。さらに、それまで洋舞シーンではブギウギやジャズ、ラテンなどが中心に使用されてきたが、この公演の十八景では「ロックンロール・カリプソ」のタイトルがみられ、常に新しいリズムを取り入れる松竹歌劇団らしい作品となっている。

そしてこの年の特筆事項としては、一二月二〇日より第二回目の東南アジア公演が行われ、磯野千鳥、浅月夢子、千草かほる、滝川さぎりら五十四人のメンバーで、マニラ、シンガポール、クアランプール、バンコク、香港と巡演。この公演の演目は『東京踊り』『踊りの日本』『踊る新世紀』の三本立てで、一行は四月一一日に無事帰国することができた。

一九五八（昭和三三）年は新宿松竹座の「春のパレード」を経て、国際劇場における公演は一月二七日からの第八回『春のおどり』（十四景）からはじまる。この公演では戦後松竹歌劇団の代表作のひとつといえる「雪ん子」（吉永淳一・原作、飛鳥亮・振付）が七・八景で上演されて、八期生の姫ゆり子が雪ん子役、青江奈美がふー子役を演じた。もともと「雪ん子」は芸術祭に入賞した人形劇のレビュー化で、当時の新聞では「姫は表情も豊かであり、高音の歌声にも美しさがあり圧巻。すばらしい素材の新人が出たものである」（『読売新聞』一九五八年一月二八日）と評されている。

三月からは松竹歌劇団創立三十周年記念公演として第二十七回『東京踊り』（十八景）を上演。この公演時に一期生として草薙燿子ら二十八名が入団している。

六月には新団長として内田孝資が就任、続いて第二十四回『夏のおどり』（十二景）公演が行われ、九月には松竹歌劇豪華大作百本記念公演として第二十三回『秋のおどり』（十六景）が上演されている。この公演ではスリーキャナリーズを押し出したほか、八坂圭子、常夏滝子、香月恭子が当時流行していたロカンボを踊り、十六景では主題歌の『オータムン・ロック』が歌われた。

そして一一月二九日から一二月一〇日まで、その頃はまだ日本国外であった沖縄本島最大の劇場・沖映本館で公演が行われていた。戦後の海外公演には初参加となる川路龍子をはじめ、汐路洋子、月鏡子、美樹ゆたか、常夏滝子以下、六十一名が沖縄へ渡って公演を行っている。

浅草から「世界のSKD」へ

一九五九（昭和三四）年は一月二二日より第九回『春のおどり』（十五景）の上演で、日舞の振付師として楳茂都陸平、楳茂都梅治が参加。第二十八回『東京踊り』（十六景）は皇太子成婚慶祝記念として上演が行われている。第一景では上原町子、天野妙子、磯野千鳥を中心に白拍子に扮した生徒が一斉に並び、一景「寿の春」では千草かほると千浪龍子が「高砂」の尉と姥の扮装で登場、十五景では成婚を祝して作曲された『チャーミング・ブライド』が歌われるなど、成婚の奉祝ムードを大いに盛り上げたステージとなった。ほかにも道成寺芸術六百年祭に協賛していたことから道成寺の絢爛なシーン、「平家物語」をモチーフにした作品や十二景では沖縄舞踊を取り入れた「オキナワ」が上演されるなど、見どころ満載の公演となった。この公演時に十二期生三十六名が入団している。

この頃、海外からの観光団の来場が好調で、今回の『東京踊り』の特別席は外国人観光客の予約で埋まり、一日平均六百人の観光客が来場していたと当時の新聞で報道されている。この外国人観光客誘致を仕掛けたのは国際劇場の支配人であった岩田至弘で、一九五三（昭和二八）年頃から米軍将兵とその家族をターゲットにしてキャンプやホテルでの宣伝活動、ジャパンタイムスとのタイアップなどが功を奏して、羽田空港に到着した観光団のほとんどに国際劇場観劇のスケジュールが組まれていたそうだ。英文パンフレットがさかんに発行されたのもこの頃からである。

六月二七日からは第二十五回『夏のおどり』（十六景）が上演、この公演最大の見ものは高さ十メートル、幅二十メートルの大滝を六階段に落とすというそれまでにないスケールの大きい装置を舞台に設置したことであろう。また、九重和子、朝比奈翠、藤戸木綿子によるコーラスユニット「ポピーズ」もこの公演から誕生している。また一〇月一日からの第二十四回『秋の踊り』（十五景）では、「日本の太鼓」の景が芸術祭賞文部大臣賞を受賞したほか、当時の流行語であった「ハイティーン」の景では、八坂圭子と長谷川わかめが若者の青春を楽しく表現している。

先述の通り外国人観光客の誘致に成功した松竹歌劇団は「世界のＳＫＤ」と称されて、この年の松竹歌劇団は二億五千万円の興行成績を挙げたとされる。

一九六〇（昭和三五）年の新春公演は第十回『春のおどり』（十四景）ではじまり、第三景「京舞」では深山乙女、柳千恵子、松山千景の三人が芸妓に扮し、京舞井上流・井上八千代の指導によって門外不出といわれた京舞を披露する名場面が生まれたことは、松竹歌劇史における大きな話題のひとつといえよう。また棟茂都陸平による振付の「三人猩々」には小月冴子、千草かほる、八坂圭子が出演し、大きな見どころとなった。七景の民話劇「つらら娘物語」、またフィナーレでは華やかなスペイン風の衣裳を身に着けファンの心を煽った。

続く第二十九回『東京踊り』（十六景）は浩宮親王生誕慶祝記念公演として行われており、この公演での特筆すべき点としては、松竹音楽舞踊学校を首席で卒業した十三期生の倍賞千恵子がバトンガールとして登場したことである。以後、松竹音楽舞踊学校を首席で卒業した生徒は『東京踊り』でバトンガールを行うことになった。なお、この公演において倍賞は新人賞を獲得し将来を嘱望されたが、映画界へ転身したため翌年には退団をしている。十三期生として倍賞のほか、映画女優として活躍した榊ひろみなどが入団。また、松竹音楽舞踊学校の同期生の中には、アニメ『サザエさん』の声優で知られる加藤みどりも在籍していた。

そして七月に第二十六回『夏のおどり』（十六景）、第二十五回『秋の踊り』（十六景）と安定の公演を行い、いよいよ一九六〇年代となって高度経済成長に差し掛かるが、当時の団員の顔ぶれをみてみると、戦前から在籍したスターは大幹部である小月冴子、南條名美、上原町子、天野妙子のわずか四人のみとなり、劇団の様子も大きく変わっていったことが分かる。

一九六一（昭和三六）年は一月二二日から第十一回『春のおどり』（十六景）、三月一七日からは東京踊り誕生三十周年記念公演としての第三十回『東京踊り』（十五景）が上演され、この際に春日宏美、都さくらなど四十三名が十四期生として入団、新たに森伊一が歌劇団団長に就任している。

七月一日から第二十七回『夏のおどり』（十七景）、九月二七日から第二十六回『秋の踊り』（十六景）の上演。振付師の花柳啓之が「白蛇伝」をレビュー化した六・七景「妖花の夢」「白蛇悲恋」が大きな呼び物となったほか、小月と常夏滝子が流浪の民の悲哀を描いた「ジプシー・バイオリン」、また京はるみ、天城ゆかり、美和映子、

松竹音楽舞踊学校を首席で卒業した倍賞千恵子。1960（昭和35）年の『東京踊り』で初代バトンガールとなった。（『レビューと共に半世紀』（国書刊行会）所収）

東山弥生、東京子ら女役によって「ファイブ・フェザース」が結成されたことも評判となっている。

一九六二（昭和三七）年一月二四日から第十二回『春のおどり』（十二景）、第三十一回『東京踊り』（十六景）は松竹歌劇団創立三十五周年記念作品として上演。歴史を重ねてきた歌劇団の記念すべき作品として、十景「ジャズの年輪」ではジャズの歴史を『セントルイス・ブルース』からたどるもので、また十一景では「キューピーのカルメン」、十二景では三年ぶりに沖縄舞踊を取り上げている。また主題歌は当時流行のリズムだったツイストを取り入れた『さくらツイスト』（山口国敏・作詞、深田浩一・作曲）が歌われたほか、十六景フィナーレの前には『桜咲く国』が歌われている。『桜咲く国』は作曲家・松本四良が東宝に移籍していた期間、松竹で歌われることはなかったとする記載があるが、折に触れて歌われていたようである。十五期生四十四名が入団。

六月三〇日から第二十八回『夏のおどり』（十二景）、九月二八日から第二十七回『秋の踊り』（十八景）の上演。

『秋の踊り』では川路龍子が『さんさ時雨』『安来節』『豊年満作踊り』『秋田甚句』の衣裳の下絵を描いたことが話題となったほか、女役によるファイブ・フェザースに対する男役五人組が登場。メンバーは泉かほる、沖千里、高砂久実、八條なおみ、邦枝輝子であった。

また、この年の海外公演としては四月六日より小月冴子、浅月夢子、高砂久実、春日宏美ら十六名が「ハワイさくら祭り」の十周年記念行事に招かれて『東京踊り』を上演。ホノルル市、日本人青年商工会議所ホール、ヒロ、マウアなどで公演を行い、初めてのハワイ公演となった。すでに国際劇場を観劇したことのある現地の人が多くおり、火事場面を所望したためにスタッフが総力を挙げて火事場シーンを行ったところ、噂を聞いた消防署が本物の火事ではないかと確認に来たという逸話も残されている。

高度経済成長の時代のなかで

一九六三（昭和三八）年一月二二日からは第十三回『春の踊り』（十二景）では海音寺五郎原作の『まぼろしの琴』がレビュー化されたほか、小月冴子と柳千恵子による五景では大雪崩シーンを見せ観客を驚かせたほか、熱海かほり、幸わたる、都さくらによる「ニューキャナリーズ」が登場した。三月一七日から第三十二回『東京踊り』（十六景）を上演、この公演に先がけて国際劇場に出演するペレス・プラードがエイト・ピーチェスに新リズム「コシ・コシ」を使用した楽曲を贈ったことが、当時の『読売新聞』（一九六三年三月八日）に報道されている。ペレス・プラードといえば日本にマンボのリズムを流行させた立役者で、自らの楽団を率いた作曲家兼指揮者であった。そのペレス・プラードによる楽曲は十五景「アフリカン・エコー」で使用されている。そして十六期生として四十三名が入団、このなかに千羽ちどりがいた。

また、この公演時の話題としては新しい制服が制定されたことも発表され、デザインは中村乃武夫によるもの。将来的には全員が着用するとして、まず昨年公演で舞台実習生として初舞台を踏んだばかりの最下級生十八期生四十六人が着用している。

六月二九日から第二十九回『夏のおどり』（十二景）では南太平洋をテーマとして公演され、九月二八日から第二十八回『秋の踊り』（十六景）の上演、六景「長崎絵巻」では松竹歌劇団名物でもあった屋台崩し火事場が行われ、十一景「メキシカン・ホリデイ」では渡米視察を行っていた山口国敏・作の景で、特にメキシコの現代舞踊・民族舞踊を紹介した作品であった。

また飛鳥亮と川路龍子が日本全国より採集した舞踊を紹介する郷土芸能シリーズでは、今回「郷土の月」として飛騨高山祭ほか、横手送り盆、黒石よされ節などを取り上げた。この作品において川路龍子は芸術祭奨励賞を受賞している。

『東京踊り』公演中の四月五日からは昨年に引き続き「ハワイさくら祭り」へ出演のため、天野妙子、千草かほる、江川滝子、深山乙女ら十七人が第二次ハワイ公演を行っている。

一九六四（昭和三九）年は一月二三日から第十四回『春のおどり』（十二景）ではアトミック・ガールズの一員であった十二期生の若葉慶子が滝川さぎりの相手役に抜擢されて話題となり、三月一八日からは第三十三回『東京踊り』（十六景）上演。十七期生として四十三名が入団している。

七月一日からの第三十回『夏のおどり』（十四景）は東京オリンピックを目前に控えた作品として、松竹でも特にオリンピックを意識した作品となって主題歌『東京は世界の広場』（原浩一・作詞、深田浩一・作曲）、第二景の「メトロポリタン・リズム」では『フレッシュアップ トーキョー』（永六輔・作詞、中村八大・作曲）が歌われている。十一景「豹の女」はエイト・ピーチェスによる景だが、この公演よりエイト・ピーチェスに草薙燿子が加わっている。

九月三〇日からの第二十九回『秋の踊り』（十六景）は東京オリンピック本番と重なっていたため、以前より海外観光客を招き入れる体制を整えていた国際劇場としては、改めて世界に存在をアピールする格好のタイミングであった。主題歌『日本のしらべ』（飛鳥亮・作詞、松井八郎・作曲）が作られ、五・六・七景では「道成寺絵巻」として清姫＝小月冴子、安珍＝滝川さぎりの配役で上演され、十四景の郷土シリーズは「東北の秋」で「津軽あいや」「鹿踊り」が取り上げられて、日本情緒をより楽しめる作品となっている

また戦時中に歌劇団を退団し戦後はフリーとして松竹歌劇団の全盛時代を支えた川路龍子がこの公演を最後に松竹歌劇団への特別出演を退いている。以後は衣裳などのスタッフとして舞台を支えていく。

この年の海外公演は三月二〇～二九日に行われた第三次ハワイ公演で、小月冴子ら二十人によってハワイさくら祭りへの出演が行われた。

美空ひばりと浅草国際劇場

日本を代表する歌手で女優の美空ひばりも、かつては浅草国際劇場で定期的な公演を行っていた。美空ひばりの国際劇場出演は一九四八（昭和二三）年九月一六日からの『テイチク・歌の祭典』で、菊池章子の代役として『星の流れに』を歌ったことに始まった。

一九五〇（昭和二五）年にアメリカ公演を大成功させて日本へ帰国した際に行われた、川田晴久との帰朝記念公演『アメリカ珍道中』も同年八月に国際劇場で行われている。そして翌年三月に行われた『春を呼ぶ美空ひばり』（オリエ津阪・助演）が初の単独公演となって以後、一九五二（昭和二七）年一月から一九六六（昭和四一）年まで美空ひばり正月公演は国際劇場で行われることとなった。ことに一九六五（昭和四〇）年の正月公演『美空ひばり・坂本九 春姿松竹梅』では一週間の観客動員数が六万五千人という圧倒的な集客で、劇場の新記録を作ったとされている。なお、この公演に出演した松竹歌劇団の生徒は天草めぐみ、千浪龍子、春日宏美らであった。

正月公演のみならず、一九五三（昭和二八）年九月『ひばりの陽気な水兵さん』、一九五四（昭和二九）年六月には『ひばりの歌え踊れ青春娘』などの公演が行われており、これらの公演すべてに松竹歌劇団による助演が行われていた。

しかし、ひばりにとって国際劇場は嬉しいだけの劇場ではなく、忌まわしい記憶のなかにある劇場で

column

もあった。それは一九五七（昭和三二）年正月に大川橋蔵をゲストに招いて行われた『花吹雪おしどり絵巻』公演中、一月一三日に同じ年のファン女性に塩酸を浴びせられる事件が発生したためである。現場スタッフの判断で、すぐに浅草寺病院に担ぎ込まれたため大事にはいたらなかったが、当時十九歳だったひばりの心には大きな傷が残ったことだろう。

そして美空ひばりのレコードデビュー曲『河童ブギウギ』が、松竹歌劇団のオペレッタ映画『踊る龍宮城』の挿入歌であったことも歌劇団との深い縁を感じることができる。この『踊る龍宮城』については、『松竹歌劇』（一九号）内に掲載された川路龍子とひばりの対談で語られている。

川路「そう、大船で私達全員が撮った「踊る竜宮城」の時に、ひばりちゃんは、「河童ブギ」を唄ったんだわネ」

ひばり「あの頃はもう川路さんの大ファンだった。だからご一緒に映画に出られるて云ふので　嬉しくて嬉しくて……撮影所へ行く前の日なんか寝られなかつたわ」

川路「まア、そんなに…光栄だわ、どうも有難う」

美空ひばりの母・加藤喜美枝は、若い頃から水の江瀧子のファンであり、少女時代の美空ひばりも川路龍子のファンとしていくつかの雑誌で川路龍子との対談や同じファインダーにおさまった写真も残されている。また、歌劇団で振付を行っていた花柳啓之がひばりの日本舞踊の師でもあったため、ひばりが花柳流・花柳美之として名取になったとき（一九五五年八月一八日）のお杯式には小月冴子（花柳輔之）も

column

同席し、九月一八日にサンケイホールで行われた『花柳美之名取を祝う会』のゲストにも小月が出演した記録が残っている。

また美空ひばりの単独リサイタルは一九四九（昭和二四）年一二月一一日に共立講堂で行われたが、このときのスペシャルゲストは水の江瀧子を筆頭に川路龍子、小月冴子、ほかに『地球の上に朝が来る』の川田晴久、ピアニストの和田肇らが加わるという豪華版であった。

さらに現役生徒以外の関係にはなるが、一九五二（昭和二七）年四月二八日に行われた歌舞伎座公演「美空ひばりの会　グランドショウ雪月花」では水の江瀧子が相手役として出演したほか、一九六八（昭和四三）年一一月に明治座で行われた『藤娘四季彩草』には川路龍子が出演。元松竹歌劇団の旭輝子は美空ひばり座長公演の常連出演者として脇を固め、小柳久子も新宿コマ劇場や御園座の美空ひばり公演に出演したこともあり、美空ひばりと松竹歌劇団の関係性は深い縁で結ばれていたといえる。

第七章　伝説への道を歩む松竹歌劇団

フレッシュな時代の到来

一九六五（昭和四〇）年、第十五回『春の踊り』（十二景）は「ホップ・ステップ・ジャンプ」のサブタイトルが掲げられ、プログラム拍子には小月・磯野の最上級生の顔写真のほか滝川さぎり、草薙燿子コンビの写真も大きく掲げられ、新たなスターを売り出していく姿勢がみられる。この『春の踊り』は、少年時代に水の江瀧子が主演した『真夏の夜の夢』の舞台を見た作家の矢代静一が作・構成を行ったもので、草薙燿子演じる踊れないダンサーが努力してスターになる物語を描いたミュージカル風作品として大きな話題となった。主題歌である『遠くないある日に』（矢代静一・作詞、服部克久・作曲）と『踊れるなら恋も金もいらない』（矢代静一・作詞、深田浩一・作曲）も手掛けている。

三月一八日からは第三十四回『東京踊り』（十六景）、六月三〇日からの第三十一回『夏のおどり』（十二景）はアトミック・ガールズ誕生五十回記念として上演。十八期生として倍賞美津子ら三十四名が入団している。この際、新たな団長として福井祺和が就任している。

九月二六日からの第三十回『秋の踊り』（十六景）、六景「琉球の為朝」では為朝を小月冴子、琴名を磯野千鳥が演じ、美しい琉球情緒を描き出した作品であったほか、葉月しのぶ、倍賞美津子が序唄を担当。藤代暁子と草薙燿子がサロメ役で交互出演した八景「七色のベェール」では小波月子が唄を担当し、次世代の歌えるスターたちにスポットライトが当てられている。

また創設当時から数々の歌劇団テーマソングが発表されてきたが、この公演プログラムには『S・K・D行進曲』（山口国敏・作詞、深田浩一・作曲）が掲載されている。

なお『夏のおどり』公演中の八月一四～二四日まではインドネシア・ジャカルタで公演が行われた。演目は『日本舞踊集』（十五景）で千草かほるら十三人が訪問した。

一九六六（昭和四一）年の公演でもっとも大きな話題は、なんといっても『春の踊り』が廃止され『東京踊り』と合併されたことであろう。一九五一（昭和二六）年の第一回『歌舞伎おどり』を発端として、第三回からは『春の踊り』と改めて上演されて来たが、ここにきて国際劇場名物であった「四大踊り」が「三大踊り」となった。以後『東京踊り』は一～二月に初日を迎えることになり、この年の第三十五回『東京踊り』（二十二景）は国際劇場開場三十周年記念として製作費二本分を投入し一月二三日から幕が開いている。プロローグでは世界各地の名所がスクリーンに投影され、最後には「東京踊り 第三十五回」国際劇場開場三十周年記念公演の文字を掲げた日本航空機が映し出された。一景「国際三番叟」では小月冴子が四十人の下級生を後ろに控えて、おめでたい舞を披露したほか、十二景「セーヌの哀愁」、十三景「サ・セ・パリ」では幸わたる、倍賞美津子、槙みどりらによって数々のシャンソンが歌われた。また、この公演を最後に大幹部であった南條名美と天野妙子が退団し、戦前からの生徒は小月冴子と上原町子（上原は同年『秋の踊り』で退団）二人だけとなった。十九期生四十二名が入団。

七月一日から第三十二回『夏のおどり』（十七景）、九月二三日からは第三十一回『秋の踊り』（十八景）が行われているが、この公演を最後に戦後一期生の磯野千鳥が退団。

この年の海外公演としては、二月に日本航空台湾線就航記念で台湾・台北で公演、また八月二日からは（一〇月三一日まで）松竹歌劇団南米親善公演として南米公演が行われており、以下のメンバーによってサンパウロ、リオ・デ・ジャネイロ、ブエノスアイレスなどを訪問した。

千草かほる、里見洋子、幸わたる、邦枝輝子、静波千尋、月路奈見、八木正子、美和映子、春日宏美、司三千緒、上野充子、東京子、嬢珠美、勢舞夜子、清水かほる、阿蘇みどり、藤浪千重、忍夜詩子、翠千種、月乃かつら、倉橋諒、小宮美代子、賀茂ひろみ、若京三佳、池洋子、八雲詳恵、三井浪路、春海暁子、高千穂あかね、富士輝子、女川リカ、冴草まなみ、香田亜紀、伊奈公恵、西川恵美子、東風香、香澄江利子

当時の記録によれば飛行機で三十八時間かけて現地入りをし、サンパウロのパラマウント劇場では日ソ芸術親善としてレニングラードバレエ団と共演したともある。

一一月二六日からは第三次東南アジア公演が実施され、振付師の花柳啓之を団長として浅月夢子ら十九人による一行によって公演が行われた。

盛んになる海外公演

一九六七（昭和四二）年は一月七日から滝川さぎり、草薙燿子一行によるタイ・バンコクにおける日本航空東南アジアレセプションの出演からはじまり、一月二九日からは第三十六回『東京踊り』（二十景）を上演。一景「春霞」では「蝶々夫人」の一場面が演じられ、蝶々夫人を花房てるみ、ピンカートンを滝川さぎりが演じている。七景「倖せはどこでも」では歌手として注目を浴びていた倍賞美津子が主題歌を歌い、十景は南米公演のみやげ景として上演されている。二十期生として三十名が入団、このなかの藤川みきが後の藤川洋子である。

1968年『秋の踊り』、「豊熟」の景より。小月冴子を中心に、右が滝川さぎり、左に泉かおる。
(『松竹歌劇団創立60年写真集　SKD LEVUE』より)

トーレスフロール(1967年)。沖千里、八木正子、春日宏美。(筆者蔵)

六月二八日からは第三十三回『夏のおどり』(十八景)の上演、一景「タムレの花」はタヒチを背景にした作品、五景「突走れ!! フェアレディ」では倍賞美津子がレーサーを演じたほか、十二景には沖千里、八木正子、春日宏美のトリオ「トーレスフロール」が登場している。このトーレスフロールが画期的だったのはスタイル抜群の男役が女役に扮して派手なラテンダンスを披露したところであった。

九月三〇日から第三十二回『秋の踊り』(二十景)が行われているが、選抜メンバーによって日本政府公認「日本松竹歌劇団 訪台親善大公演」も行われている。九月一二日に羽田空港を出発し、九月一六日~三〇日まで台北体育館、一〇月四日~一五日まで台中体育館、一〇月一九日~一一月一日まで高雄体育館で、平日は昼夜二回公演、土日祭日は三回公演が行われた。スタッフを含め計四十六人の大所帯で、参加した生徒は以下の通りである。

浅月夢子、沖千里、月路奈見、春日宏美、久美晶子、小波月子、珠水美江、花房てるみ、峠みち、曙智華子、倉橋諒、千川美鶴、峠白雪、深代藍子、宇川寿美礼、雁坂くみ、藤木忽弓、美奈月ふじ、美園あけみ、犬丸瑛子、大田和子、佐竹ゆう、鵬寿美、信濃路輝、夕月マヤ、美笠容子、月城早苗、伊豆美加子、井草しげみ、槇乃かほり、茜益美、吹雪ひろみ、藤川みき、此丘菜つみ、川津綾子

公演は想像を上回る大入りを見せて、大成功のうちに帰国することができた。

一九六八(昭和四三)年は松竹歌劇団創立四十周年という記念の年で、一月二七日からは第三十七回『東京踊り』(二十景)を上演。四景「シグナル・ロック」では邦枝輝子、道悠子、松浪香織、千羽ちどり、新城朱美がパンチ

ある踊りを披露し、八景「ファイブ・バード」はファイブ・フェザースが出演、十四景ではトーレスフロールが登場するなど、相変わらずの華麗な舞台をくり広げた。

このときの松竹歌劇団幹部は以下の通りである。

【大幹部】小月冴子、千草かほる、滝川さぎり、沖千里、浅月夢子

【大幹部待遇】里見洋子、藤代暁子、柳千恵子、泉かほる、邦枝輝子、月路奈見、鳳城のぼる、久美晶子、倍賞美津子、八木正子、春日宏美

【幹部】松浪香織、紅ひかる、小波月子、千羽ちどり、珠水美江、花房てるみ、槇みどり、道悠子、新城朱美、峠みち、阿蘇みどり

松竹歌劇団の中期から後期を支えた華やかなスターたちの名前が並んでいる。

なお、この年の入団者から松竹音楽舞踊学校の修業年が三年から二年へと変更になったため、二十一期（十八名）と二十二期生（十九名）が同時に入団している。

六月二九日からは第三十四回『夏のおどり』（二十景）が行われ、一・二・三景「江戸のまつり」では小月冴子が鳶の若者を演じ、いかにも松竹歌劇団らしい景となったほか、リオ・デ・ジャネイロ、メキシコ、パリ、アフリカなど世界の祭りをテーマにした景が展開されている。

補足となるが、この『夏のおどり』に先駆けて六月一五日、国際劇場前に歩道橋が完成。国際劇場と浅草六区側をつなぐ歩道橋として造られて、渡り初め式にはアトミックガールが参加した。現在すでにその歩道橋は撤去されているが、かつてどれだけの松竹歌劇団ファンがこの歩道橋を渡ったことだろう。

九月二〇日からの第三十三回『秋のおどり』(二十景)が松竹歌劇団創立四十年記念公演として上演、松竹歌劇団団長で松竹株式会社取締役であった福井祺和は歌劇団のモットーである「ボリューム」「テンポ」「パッション」を改めて発信している。

プロローグでは千羽ちどりが主題歌『菊の讃歌』を歌い、十一景「フラミンゴAG・NO・60」はアトミック・ガールズによる六十回目の記念作品で、当時一人五万円したという豪華な衣装を身にまとっての派手なステージとなった。そして、歌劇団に在団しながら二年間アメリカでダンス留学を行っていた藤代暁子が、帰国後初めて出演したのもこの公演で、十三景「セントルイス」を自らの振付で沖千里とともに踊っている。

また、この頃のエイト・ピーチェスのメンバーは、久美晶子、倍賞美津子、紅ひかる、峠みち、忍夜詩子、高千穂あかね、富士輝子、信濃路輝で編成されていた。

この年の海外公演は四月に行われた第四次ハワイ公演で、滝川さぎり、柳千恵子、邦枝輝子、倍賞美津子、松浪香織、紅ひかる、千羽ちどりら計二十人によって行われた。

一九六九(昭和四四)年二月二日からは第三十八回『東京踊り』(二十景)の上演、置歌は春海暁子によって行われている。七景「おゝニューヨーク」は沖千里とエイト・ピーチェスが出演。十二・十三景「西遊記」でも孫悟空を沖千里が演じるなど、滝川さぎりとともに沖千里の活躍が目立つ。十一景では十九期生の冴草まなみがソロを歌うなど、新人へスポットライトを当てることも忘れてはおらず、また十五景「大島郷土芸能」、十六景「八丈島郷土芸能」では小月冴子、千草かほるらのベテランも相変わらずの魅力を振りまいていた。そしてこの公演で大幹部待遇だった倍賞美津子が惜しまれつつ退団している。二十三期生二十九名が入団。

六月二八日からは第三十五回『夏のおどり』(二十景)上演。小波月子のソロから一景がはじまり、三景「海底都」

では海の華を演じる藤代暁子、春日宏美、槙みどりが登場。民謡の景では北陸が取り上げられている。

一〇月一日からの第三十四回『秋の踊り』（二十景）はスペイン舞踊に重きを置いた作品で、スペイン舞踊指導者として参加したのが香取希代子であった。香取希代子は松竹楽劇部時代に香取文江を名乗った元生徒である。また槙乃このみ、池美智子、原三紗の三人組のユニット名を事前に公募したが、この公演から「スリー・パールズ」の名称で登場した。

この年の海外公演は一一月に三回目の台湾公演が行われ、出演者は滝川さぎり、柳千恵子ら九名によるものであった。

一九七〇（昭和四五）年は一月二五日から第三十九回『東京踊り』（二十景）で幕が開き、松竹創立七十五年を記念した公演となっている。二景「雪月花 花紫」では小月冴子が助六を演じ、五景「叫び」では黒人霊歌が使用されて、沖千里、久美晶子らが激しく踊る景が展開されたが、この際に男声コーラスとしてデューク・エイセスの唄が流れた。また、大幹部の男役であった滝川さぎりがこの公演をもって退団、二十四期生として甲斐京子、銀ひ乃で、邦アンナ、邦カンナなど三十二名が入団している。

そして歌劇団史として外せないトピックとしては、久しく歌われることがなかったテーマソング『桜咲く国』が再度歌われるようになったことと、国際劇場の緞帳が付け替えられ、新しい緞帳は「ナショナルカラーテレビ」（松下電器産業株式会社提供）の名称が入ったものになったことであろう。緞帳の原画は寺石正作・画「よろこびの朝」であった。

六月二六日からは第三十六回『夏のおどり』（二十景）が行われているが、この公演の目玉はなんといっても、一九三三（昭和八）年に水の江瀧子が主演して爆発的な人気を集めた名作『タンゴ・ローザ』の一部が十三・十四景で再演されたことであろう。

沖千里、珠水美江、邦枝輝子、鳳城のぼる、春日宏美、槇みどりほかによって展開され、かつて江戸川蘭子が歌いファンの心を震わせた主題歌『タンゴ・ローザ』を宮久美子、原三紗が交互で歌っている。前回『東京踊り』では『桜咲く国』、そして『夏のおどり』では『タンゴ・ローザ』が歌われて、オールドファンたちは大いに喜んだのではないだろうか。また九月三〇日からの第三十五回『秋の踊り』（二十五景）では、前回の『タンゴ・ローザ』抜粋上演の続編として、戦前の名作である『わすれな草』が抜粋上演されている。

SKD・ドラマ・グループ

一九七〇（昭和四五）年、SKD・ドラマ・グループが発足している。それまでの松竹歌劇団では国際劇場の構造上の特性もあってダンスに特化する劇団として定着していたが、当時日本では東宝ミュージカルをはじめ、日本人によるミュージカルが全盛時代を迎えていた。そこでSKDでもダンスだけではなく、芝居の要素をさらに磨こうと、出演者たちが主導権を持ち会社側が応援する形で発足したのがこのグループであった。

まずは春日宏美を最上級生として松竹歌劇団生徒のなかから希望者を募ってオーディションが行われた。オーディションに参加した生徒は六十二名、最終的にグループへ参加が許されたのは二十五名であった。

第一回試演は同年一一月二日、赤坂草月会館における『恋伝授手習鑑』（構成、演出・星野和彦、脚本・菅沼定憲、新野隆司、振付・松見登、藤代暁子、亀井隆一郎）で、出演者は春日宏美、松浪香織、槇みどり、千月啓子、富士輝子、雁坂くみ、茜益美、藤川洋子、邦園茉里、宮久美子、吹雪ひろみ、山田宏美、槇乃こゆき、橘美枝子、阿津美恵子、滝みのり、七紅子、原三紗、花矢町子、高峰由佳、円城寺明子、邦アンナ、邦カンナ、聖城波、（ピアノ・由利花江）という顔ぶれであった。

第二回試演は一九七四（昭和四九）年九月一一日、六本木のスタジオ・ソフィアで上演された、イヨネスコ風バラエティー『11人囃子』（構成、演出・星野和彦、振付・松見登）。

そして一九七五（昭和五〇）年一二月一二・一四・一五日には渋谷ジァン・ジァン（以下ジァン・ジァンでの公演）で『女だけのイヨネスコ』（構成、演出・星野和彦、振付・松見登）、一九七七（昭和五二）年四月二六、二八〜三〇日には『女だけのカモレッティ』（構成、演出・星野和彦、振付・松見登）などが上演されている。

松竹歌劇団史のなかでも特筆すべきチームとして、ここに記しておきたい。

一九七一（昭和四六）年の第四十回『東京踊り』（二十景）は一月二九日から上演され、一景「春風」では千羽ちどりを中心に桜丘佳子、鵬寿美、滝みのり、甲斐京子、衣笠みゆき、河奈ひとみが登場し、五景「松籟」は日本舞踊「猩々」をアレンジした作品で小月冴子の独壇場、七・八景「牡丹幻影」ではお七狂乱の場が演じられた。公演の後半になると四月に行われる第一回ポーランド・ソ連公演準備のため春日宏美らは不出演となっている。

二十五期生として小川真理子、愛川加代子ら二十五名が入団。

六月二三日からは第三十七回『夏のおどり』（二十景）、そして九月二三日より公演の第三十六回『秋の踊り』（二十景）にはポーランド・ソ連公演から帰国した生徒たちも出演し、華やかな舞台を繰り広げることとなった。

ここで第一回、ポーランド・ソ連公演について触れると、四月一一日に横浜港を発った一行は、ナホトカからハバロフスク、モスクワ経由でポーランド・ワルシャワに到着。四月一七日にワルシャワ、二四日にザブシェ、五月五日からルシェでそれぞれ初日を迎えて、一五日にワルシャワを出発。そして翌日、一行はソビエト連邦ロシア共和国、レニングラードに到着している。五月二〇日からレニングラードで初日を迎え、続いて六月八日にウズベク共和国タシケント、一七日にカザック共和国アルマータ、二四日ロシア共和国ミンスク。そして七月三

第1回ポーランド・ソ連公演（1971年）の際、和装に身を包んだ生徒たち。
（春日宏美氏蔵）

日には首都モスクワで公演初日を迎え、一九日にモスクワ公演の千秋楽。そこから一行は日本へ帰国している。公演演目は『東京踊り』（二十五景）で、ポーランドでは十万人、ソビエト連邦では四十万人の観客を動員した記録が残されている。六車進を団長として、春日宏美、松浪香織、千月啓子ら四十名で行われた公演であった。

また別班が一一月二五日より恒例となった東南アジア公演を行っている。外務省主催のアジア週間の親善使節としての公演で、参加した生徒は千草かほる、千羽ちどり、峠みち、月乃かつら、夕浪千鳥、富士輝子、翠千種、桜丘佳子、美園あけみ以下二十名。バンコク王立劇場、インドネシア・ジャカルタインドネシアホテル・バリールーム、シンガポール国立劇場、マレーシア大学講堂などで『東京踊り』（二部二十景）公演が行われている。

一九七二（昭和四七）年一月二九日からは第四十一回『東京踊り』（二十五景）が上演。アトミック・ガールズ七十回目記念としての公演だったため、イギリス近衛兵の衣装を身に着けたダンサーたちの様子は壮観であった。真帆みさほ、甲斐京子、銀ひ乃での三人により新しい男役チームが結成されたほか、春日宏美が大幹部に昇進。また この年の新入団生のバトンガールは高城美輝で、高城は後期松竹歌劇団の主力ダンサーとして活躍することになる。このように、高城ら二十九名が二十六期生として入団している。

六月二三日からの第三十八回『夏のおどり』(二十景)では六十トンの水を使用したという空前絶後の大滝のシーンが目玉となり、九月二七日からは第三十七回『秋の踊り』(二十景)が上演されている。

この年の九月、松竹歌劇団とは別として小公演向きのチーム「松竹ダンサーズ」が編成されている。松竹ダンサーズとしての初公演は一〇月五日から福井県武生市で行われていた武生菊人形展のアトラクションで、出演者十三人による『東京踊り』であった。なお、武生菊人形展でのアトラクション出演は、一九七三(昭和四八)年、一九七六(昭和五一)年、一九七七(昭和五二)年と計四回行われている。

明るいニュースとしては、小月冴子の一九七二(昭和四七)年の活躍が認められて、翌年の芸術選奨文部大臣賞・大衆芸能部門賞を受賞したことである。小月は新聞のインタビューで、「どの人が見ても楽しめるのがレビューでした。いまの作り方は、ある一部の観客層に向けての舞台になりがち。もう一度原点に戻ることも必要。同時に団体客の口コミも大切にしていかなければならないんじゃないかしら」(『読売新聞』一九七三年三月二一日)と語っている。

時代の波とレビュー

一九七三(昭和四八)年一月二七日からの第四十二回『東京踊り』(二十景)では二十七期生十七名が入団。六月二七日からは第三十九回『夏のおどり』（二十景）上演。五景「ダッシュ・オン」ではアメリカン・フットボールを取り上げ時代の変化を感じさせ、十一・十二景「シー・ラブ」では春日宏美、藤川洋子コンビが初登場。フィナーレでは小月、千草以下、新旧スターによるアフロの景が演じられるなど、バレエ、民謡の伝統的な景を上演しつつ、新しい息吹が感じされるような作品となっている。

九月二八日からの第三十八回『秋の踊り』（二十景）は日光の紅葉場面からはじまり、第三景ではニューリズム「マコーサ」をファイブ・フェザースが踊り歌ったが、この頃のファイブ・フェザースのメンバーは邦アンナ、邦カンナ、千沢亜希子、榊マリ、佐野吟子の顔ぶれであった。七・八景では戦国時代の福島県三春町をテーマにした作品を取り上げ屋台崩し場面を展開、十五・十六景では「民謡北海道・登別」を上演している。

この公演時、春日宏美、藤川洋子、水郷わたる、池美智子、槇乃こゆきら、以下三十五名は初の南アフリカ公演のために不在となっており、一〇月九日より現地での初日を迎えている。公演地の南アフリカ・ヨハネブルグでは日本人によるレビュー公演は初めてで、現地では「スーパー・ショー」「ユニバーサル・ショー」の通称で呼ばれ、連日タキシードとイブニングドレスに身を包んだ観客が押し寄せたという。演目は『東京踊り』で日舞、民謡、洋舞、コミック、歌などを披露し、公演を行ったヒズ・マジスティ劇場はヨーロッパ式の古典的な桟敷席のある劇場であったが、松竹歌劇団公演のために照明などを整備したそうだ。

南アフリカ公演で特筆しておきたいことは、ヒズ・マジスティ劇場において週に一回、観客を黒人に限定した観劇日を設けたことであろう。人種差別が激しい時代、黒人が劇場で観劇することが許されない状況を目の当りにした団長の六車進が劇場側に掛け合って実現した特別な公演であった。このときの公演については、本書に収録している春日宏美インタビュー内で触れているので参照されたい。

この公演は好評を得て延長になったほか、ダーバン、ケープタウンでの公演も追加となって、当初の予定よりも大幅に遅れて翌年三月一七日に帰国している。
また話は前後してしまうが、三月三〇日〜四月三〇日にかけては千羽ちどり、茜益美ら三十五名の出演者とスタッフの一行による第一回香港公演が行われている。

一九七三（昭和四八）年一二月一四日の『読売新聞』を見ると「ああ物価高!! 女の園も直撃」「夏の踊りを中止 SKD大道具五割アップ」の文字がおどっている。ちょうどオイルショックの時代、記事を要約すると物価高のために翌年から『夏のおどり』を中止して、「夏」と「秋」を統合した『国際おどり』を上演するという内容になっている。このような報道がされながらも、翌年は三大踊りとして公演が行われて、（結果的に国際劇場閉鎖前には三大踊りとなったこともあったが）生徒たちの熱意によって一時的にも三大公演を守り抜いたことは書き落とせない。

一九七四（昭和四九）年一月二五日から上演の第四十三回『東京踊り』（二十景）で最大の話題は正式入団前の立原千穂、西島葉子のコンビが大抜擢され十七景「恋のグリーン・フィールド」に出演したことであろう。抜擢の背景としてはスリー・パールズのうち二人がアフリカ公演に参加、一人が結婚のために昨年秋に退団したことで、歌えるユニットが不在となったためである。この公演時にユニット名は発表されていないが、後に「グルービー」となった。

そして恒例となった日本のメロディー景では「花嫁人形」が取り上げられ、民謡は『鹿児島はんや節』が取り上げられるなどがあり、六月三〇日からの第四十回『夏のおどり』（二十景）の上演となる。この『夏のおどり』は四十回目の記念公演ということもあり「太陽と水と詩」のサブタイトルが掲げられ、一・二・三景の「民謡・岐阜」では小月、千草、月路が活躍する場面、そして九・十・十一景「輝く大陸」は南アフリカ公演のお土産作品としてアフロの男を春日宏美、アフロの女を藤川洋子が演じ大好評を博した。高城美城の活躍も目覚ましく、十五景「バレエ 翔」では早くも春日宏美の相手役を演じ、エイト・ピーチェスのメンバーとしても華麗なパフォーマンスを披露した。

一〇月一日からの第三十九回『秋の踊り』(二十景)では、前回『夏のおどり』で好評だった「輝く太陽」が続演され、また戦前松竹歌劇時代の名作『ウインナ・ワルツ』『薔薇の騎士』『らヴ・ぱれいど』を抜粋上演したのもトピックのひとつとなった。この年には二十八期生として立原千穂、滝真奈美、西紀佐江子、西島葉子ら十八名が入団。すぐれた歌い手が多く入団した年といえる。

衰退するレビュー界と「ベルばらブーム」

この頃のレビュー界の状況をみてみると、松竹歌劇団と東京のレビュー界で人気を二分していた日劇ダンシングチームは、一九七五(昭和五〇)年を最後に春・夏・秋の三大踊り公演に終止符が打たれ、新人募集には三十人ほどしか集まらないという状況に陥っていた。

また松竹歌劇団の姉妹劇団であったOSK日本歌劇団は、近鉄グループの傘下となって奈良・あやめ池円形大劇場を本拠地として活動。一九七三(昭和四八)年に長年劇団を支えたスターであった芦原千津子、秋月恵美子が引退するなど、それぞれの劇団が時代とともに大きな変化を遂げていた。

一方、宝塚歌劇団では一九七四(昭和四九)年に池田理代子の漫画を舞台化した『ベルサイユのばら』が初演されて以後、いわゆる「ベルばらブーム」を巻き起こして一世を風靡。そこで現代へ続く宝塚歌劇団の基盤を再び築いたのは、レビュー界にとって大きな出来事であった。この宝塚における『ベルばら』ブームの影響を受けて、松竹でも松本零士の漫画を原作とした『銀河鉄道999』『新竹取物語/1000年女王』を舞台化したことは言うまでもない。

一九七五（昭和五〇）年一月二五日からは第四十四回『東京踊り』（二十五景）上演、この公演では松竹歌劇団伝統の歌舞伎レビューとして「勧進帳」を二景で上演、セリフを楽器で表現する珍しい演出が行われている。六・七・八・九景では「新編 八犬伝」を取り上げ、犬塚信乃＝春日宏美、犬坂毛野＝富士輝子、犬飼現八＝桜丘佳子、犬山道節＝甲斐京子、犬江新兵衛＝薫京子、犬川荘介＝峰かおり、犬村大角＝一木ゆう、犬田小文吾＝明石薫という配役で、フィナーレではパリの情景を背に古き良きシャンソンから現代へと華やかなステージで幕を閉じた。

そして、松竹音楽舞踊学校の修業年限が二年から一年とさらに短縮されたため、二十九期生（二十名）、三十期生（二十二名）が同時に入団している。六月二五日からは第四十一回『夏のおどり』上演。

一〇月一日からの第四十回『秋の踊り』（二十五景）ではタイの宮廷舞踊と民族舞踊を取り上げたほか、「飛鳥の恋歌」は長年振付師として歌劇団に貢献した花柳啓之の遺作となってしまった作品である。

この年は六月にオーケストラの深田浩一、一〇月に振付師の花柳啓之が亡くなり、少しずつ時代の移り変わりを実感するような昭和五〇年となった。

一九七六（昭和五一）年二月二日からはグランド・ステージ第一回公演、第一部「沈清伝・美しき水蓮の物語」、第二部「ふるさとの心」が上演、韓国から金喜甲、崔銀姫、朴貴姫ら一行三十名が招聘されて、日韓文化交流の舞台が繰り広げられている。松竹歌劇団側からは小月冴子、千草かほる、高城美輝、千景みつるが出演したほか、元松竹歌劇団の長谷川待子、俳優の伊藤雄之助などが顔をそろえた。

補足ではあるが『沈清伝』は一九四一（昭和一六）年、松浦貞夫・作、市村菊子、南里枝、川路龍子、李綾花、羅仙嬌らの出演者によって上演された記録も残されている。

二月二九日からは第四十五回『東京踊り』(二十景)で、一景ではキングレコードよりグルービーとしてレコードデビューを果たした立原千穂、西島葉子が、新曲『一年あまり』(橋本淳・作詞、鈴木邦彦・作曲)を披露、十六景でもカップリング曲『涙と想い出』が歌われた。三景「高砂」は小月冴子、藤川洋子による出演、四景「バレエさくら幻想曲」は春日宏美と高城美城によって華やかに演じられたほか、十一・十二景「華麗なるソウル・ビート」では春日・藤川コンビによるディスコミュージックを使用した景となった。この頃の公演の特色として、最上級生の小月冴子は重鎮として主要な場面には登場するものの、沖千里、春日宏美、千羽ちどりに少しずつ役を譲っていった印象を受ける。三十一期生として、梓しのぶら十二名が入団した。

七月二三日から第四十二回『夏のおどり』(二十景)が上演されているが、当時のパンフレットをみると、タレントの永六輔がエイト・ピーチェスについて書き、演劇評論家・石崎勝久によって「夏に輝く4つのスター」として春日宏美、千羽ちどり、藤川洋子、高城美輝が改めて紹介されている。一・二・三景では日本の祭りを取り上げて派手に『夏のおどり』の幕が開き、『東京踊り』で好評を博した春日・藤川コンビによる「華麗なるソウル・ビート」をPARTⅡとして上演。九景「茜の空に」ではそれまで洋舞を専門としていた春日宏美が新舞踊を踊ったほか、千羽・高城コンビは十・十一景「ホリデイ・イン・フィリピン」に出演。また立原・西島のグルービーの新曲発表も行われた。

九月三〇日からは第四十一回『秋の踊り』(二十景)が上演されているが、この公演パンフレットには春日、千羽、藤川、高城の四人のスターのほか、「8つの星への期待」として甲斐京子、小川真理子、峰かおり、北の丸斐子、阿津美恵子、志摩葵、宴園ゆり、速見えりかの八人が紹介されており、このタイミングで次世代のスターづくりに力を入れ始めたことがわかる。なお、この公演内容の多くは前回『夏のおどり』と重複している。

スター揃い踏みのフィナーレ。小月冴子を中心に千草かほる、沖千里、春日宏美、藤川洋子ら。（筆者蔵）

一九七七（昭和五二）年二月三日からの、第四十六回『東京踊り』（二十景）は国際劇場開場四十周年としての上演。小月以下スターそろい踏みでの口上から幕が開き、「修善寺物語」の景では松竹歌劇団名物の屋台崩し火事場面が展開され、民謡の景「四季の太鼓」では全国の祭り太鼓を四季に分けて演じ松竹らしさを見せた。そして春日・藤川コンビによる「舞踏への招待」、また「ミリオン・レッグス」では百人によるラインダンスを披露して観客を圧倒したのもこの公演であった。三十二期生十二名が入団している。

そして七月一六日から第四十三回『夏のおどり』（二十景）は「スーパーレビュー'77!!」のサブタイトルで春日宏美、千羽ちどりを全面に押出す形で行われた公演となり、一〇月一日からは第四十二回『秋の踊り』（二十景）の上演。この公演の目玉は二〜六景にわたる「新かぐや姫」で、光彦＝春日宏美、影彦＝千羽ちどり、翁＝鵬寿美、姥＝銀ひ乃で、玉津女＝月路奈見、帝＝小月冴子、網虎＝沖千里らによる出演であった。

『秋の踊り』(1977年)における「ビートルズ！ ビートルズ！」の景。
春日宏美、千羽ちどり、藤川洋子。(筆者蔵)

また九・十景「ビートルズ！ ビートルズ！」ではビートルズのヒット曲を春日宏美、千羽ちどり、藤川洋子、高城美輝を中心に踊りまくり、『レット・イット・ビー』『マイ・スイート・ロード』『ディ・トリッパー』『ハード・ディズ・ナイト』『ハロー・グッドバイ』『シー・ラブズ・ユー』の六曲が使用された。そして前回『夏のおどり』でデビューした星景子、星里くらら、梓しのぶ、新井ひろみのコーラスグループ「キューティーズ」が八景「アンタッチャブルお嬢さん」に登場しているのも、若いファンを喜ばせたことであろう。

また時代ごとにメンバーが入れ替わっていくエイト・ピーチェスだが、この公演時のメンバーは藤川洋子、高城美輝、小川真理子、北の丸斐子、珠里杏子、立原千穂、奈津このみ、西紀佐江子という顔ぶれであった。

この年の海外公演は千草かほる、月路奈見ら出演者二十名によるマレーシア公演で、六月七日に出発しクアラルンプールの国立競技場で八千人という観客の前で公演を行い、六月二五日に帰国している。

『スーパーレビュー '78　第47回夏のおどり』(1978年)では国際劇場の舞台に自動車が登場した。千草かほる、沖千里、春日宏美、千羽ちどりなど。(筆者蔵)

一九七八(昭和五三)年二月一五日からの第四十七回『東京踊り』(二十景)は松竹歌劇団創立五十年記念として、いつにも増して華々しく行われた公演であった。

公演の冒頭では、小月冴子、千草かほる、沖千里、春日宏美、千羽ちどり、藤川洋子、柳千恵子、月路奈見、富士輝子、鵬寿美、甲斐京子、高城美輝(口上順)による口上が行われ、一景では薫京子、峰かおり、明石薫、乙女春花、銀ひ乃でらによる「桜三番叟」を上演し、記念すべき公演の御祝ムードを大いに盛り上げている(公演後半で一部出演者の変更あり)。

そしてこの公演時に撮影が行われたのが山田洋次監督の映画『男はつらいよ 寅次郎わが道をゆく』(公開は八月五日)であった。三十一期生の梓しのぶが抜擢されて富士しのぶ役を演じたほか、小月冴子、春日宏美、千羽ちどりらの大幹部が舞台姿のみならず普段の姿でも出演。この『東京踊り』公演のほか、今はなき国際劇場の楽屋、稽古場、客席の様子を今に伝える、貴重な作品となっている。三十三期生十八名が入団。

七月一日からの第四十七回『スーパーレビュー’78　夏

のおどり』はSFブームを反映した舞台をみせたほか、名作『雪ん子』の再演で速見えりか、滝真奈美が抜擢されたことも話題となった。

一〇月七日からは創立五十周年の最後を飾る第四十三回『秋の踊り』(二十景)の上演で、このときの歌劇団在団者数は一〇三名、職員・スタッフが六十名であったと記録されている。

なお、松竹歌劇団創立五十周年記念式典は一〇月一二日に、水の江瀧子らOGほか政財界からの参加者が集まるなかで行われている。

この年の海外公演は五月よりマレーシアで行われている。

意欲的な公演の数々

一九七九(昭和五四)年は一月一〇日に銀座東急ホテルにおいてSKDミュージカル『カルメン』(三幕十二場)と第四十八回『東京踊り』(十六景)の制作発表記者会見が行われ、『カルメン』の演出を担当する映画監督の山田洋次、ホセ役の春日宏美、エスカミリオ役の千羽ちどり、カルメン役の藤川洋子が出席している。

このように事前PRが行われたなかで二月一七日より一部を『カルメン』、二部を『東京踊り』として上演したことに続き、三月二三日には春日宏美が前年の『東京踊り』『夏のおどり』の舞台が評価されて、芸術選奨大衆芸能部門新人賞を受賞するという栄に浴したことも大きな話題となった。

SKDミュージカル『カルメン』の主な配役は、ホセ=春日宏美、エスカミリオ=千羽ちどり、カルメン=藤川洋子、フラスキータ=富士輝子、ツニガ=鵬寿美、メルセデス=高城美輝、ミカエラ=滝真奈美、ジプシー女クララ＝千草かほる、ジプシー男アントニオ＝沖千里というものであった。そこで、レビューの舞台では長年主役を張り続けてきた小月冴子が占い女イザベラを演じたが、下級生たちを引き立てる小月の渋く確かな演技はさすがであったといえる。

そして、この年は国際劇場での『夏のおどり』は公演されず、八月三日から福岡スポーツセンターで開催されたのみとなった。国際劇場における『夏のおどり』公演が行われなかったことは「消える浅草名物」（『読売新聞』一九七九年三月八日）として新聞にも掲載されている。

九月二九日からの第四十四回『秋の踊り』（二十景）は、本年『夏のおどり』公演が行われなかった寂しさを吹き飛ばすような話題がレビュー界を駆け巡った。なんと十四年ぶりに川路龍子が国際劇場の舞台に戻ってきたのである。

川路が出演したのは九・十・十一景の「月山」で、小月冴子との素踊りは多くのファンを驚かせ、喜ばせたことであろう。ほかにも春日宏美が洋舞で踊りまくり、藤川洋子が人形振りでお七を演じるなど、踊りのＳＫＤの神髄を見せつけた公演となった。

永六輔は公演パンフレットに「大ベテランの川路龍子の芸と、エイト・ピーチェスを始めとする若いメンバーの熱が、大舞台せましと、どんな火花を散らすかも、観客としては、一瞬たりとも目を離せなくなる」（抜粋）と寄稿している。

この年の海外公演は、三月下旬からのオーストラリア公演に峰かおりらが参加したほか、九月一一日からは日本航空・上海線就航記念としての中国公演が行われて春日宏美、藤川洋子らが参加している。また第二回ソ連公演も行われ千草かほるらが参加。九月二〇日に横浜港を出港し、タシュケント、アルマータ、フルンゼ、モスクワ、レニングラード、リガを巡演して一二月七日に帰国した。

一九八〇（昭和五五）年は二月二三日から、大きな話題となって松竹歌劇団史に残る『銀河鉄道999 in SKD』が上演されている。この作品は松本零士作のSF漫画の舞台化で、松本が構成、音楽は三木たかし、そして宮島春彦が脚本・演出、渋谷森久が音楽監督を担当。配役は、メーテル＝高城美輝、星野鉄郎＝滝真奈美、ハーロック＝千羽ちどり、機械伯爵＝奈津このみ、プロメシューム＝立原千穂などで待望の幕が開いている。この作品が上演されたことによって、それまでレビューに触れる機会がなかった漫画ファンや若年層に松竹歌劇団の存在をアピールするいい機会となって、当時の新聞によれば

　滝のすばしこい少年としての動き、高城の崇高な母性を思わす存在感、プロメシューム役の立原千穂の歌、最下級の三十四期生の子供たちの初々しさなどが目についたほか、SKDらしいライン・ダンスを見せてくれたのも楽しい。小峰リリーの衣装も、宇宙空間という設定に良く似合った。（『読売新聞』一九八〇年三月一〇日）

と、総じて高評価だったことがわかる。

そして四月九日からは『東京踊り』（二十二景）が上演。この公演からは立原千穂、千晶薫、槇かりん、梓しのぶ、朝路さや香、咲田みちる、初音ひかり、新井ひろみ、芹なづなによる、新チーム「スリーナイン」が誕生している。

この年の大きなトピックは、松竹歌劇団の象徴的存在として一九三七（昭和一二）年からレビュー一筋に歩んだ大幹部・小月冴子が退団したことであろう。退団理由は専属契約期限が切れたことによるもので、当時の新聞に

は「私なりの定年を考えていたこともあって引退しました」（『読売新聞』一九八一年一月八日）と語っている。退団公演などは行われず静かに国際劇場を去ることとなった。

また嬉しいニュースとしては、国際劇場のラインダンス六十三人が世界最長のラインダンスとしてギネスブックに認定されたことであろう。それまでは一九三二年にラジオシティにおけるロケッツの三十六人がラインダンスの世界最長記録であったが、四十八年振りに記録を塗り替えたのである。当時の松竹歌劇団長であった六車進によれば、この頃すでに損益分岐点を割っており赤字経営となっていたが、そのような状況のなかでの新鮮な話題となった。九月二八日からは第四十五回『秋の踊り』が上演されている。

一九八一（昭和五六）年は、まず一月一一・一二日で日本返還後初の沖縄公演で『東京踊り』が上演されたのを皮切りに、地方公演を経て、一月二七・二八日にはサンシャイン劇場において第一部に舞踊劇『月姫』（サロメ）、第二部『女人散華』という二部構成の『ＳＫＤ　ＩＮ　サンシャイン』が上演され、出演者として千草かほる、藤川洋子、柳千恵子、鵬寿美らが顔をそろえている。

そして三月七日より国際劇場においてＳＫＤミュージカル『新竹取物語／１０００年女王』と第五十回『東京踊り』（二十景）の二部構成による公演の幕が開いた。

ＳＫＤミュージカル『新竹取物語／１０００年女王』は『銀河鉄道９９９ｉｎ ＳＫＤ』が大好評だったことから新たに企画された作品で、原作は松本零士、構成演出に星野和彦、脚本に山田元彦などのスタッフによるものである。配役としては、雪野弥生（１０００年女王）を演じたのは高城美輝、新１０００年女王＝立原千穂、雨森始＝滝真奈美、雨森先生＝鵬寿美、夜森大介＝千晶薫、そしてクレオパトラ＝藤川洋子、シーザー＝甲斐京子、アントニー＝薫京子、１０００年盗賊の首領＝奈津このみ、などによる出演であった。

『東京踊り』は小月冴子が退団したために千草かほるが最上級生として出演するも、千草、沖もこの公演を最後に退団。一景の連獅子は千草と沖千里によって演じられたほか、春日、千羽、藤川、高城ら次世代の大幹部スターによるステージが繰り広げられた。また、この公演では振付師として日劇ミュージックホール出身の小井戸秀宅や名倉加代子の名前を見ることができる。

そして七月九日からは第四十五回『夏のおどり』(二十二景)が復活したが、この公演が国際劇場における最後の『夏のおどり』となり、それまで松竹歌劇団と国際劇場は機構上の組織が一体化されていたが、九月一日より松竹歌劇団団員は松竹土地興行株式会社に所属する形が取られることとなった。落ち着かない雰囲気のなかでも、この『夏のおどり』期間中には第一回「浅草サンバカーニバル」が開催されており、松竹歌劇団のメンバーは公演を一部中止してサンバカーニバルに無料出演している。

一〇月九日からは第一部がミュージカル『ファンタジア火の鳥』、第二部を『ザ・レビュー』とした第四十六回『秋の踊り』が上演され、『ファンタジア火の鳥』(台本、演出・宮島春彦)は千羽ちどり、藤川洋子、高城美輝、梓しのぶ、滝真奈美、槇かりん、乙女春花らによる出演。『秋の踊り』は春日宏美、千羽ちどり、藤川洋子らスター以下のオールスター出演。松竹歌劇団の伝統的な民謡などの景を残しつつ、新たなファンを獲得すべくフィナーレでは『異邦人』(オリジナル・久保田早紀)、『ダンシング・オールナイト』(オリジナル・もんたよしのり)、『ジェニーはご機嫌ななめ』(オリジナル・ジューシィフルーツ)などの楽曲が使用されて舞台の雰囲気が一新、最後は『俺たちの時代』(オリジナル・西城秀樹)が歌われ新しい時代の到来を感じさせた。

国際劇場のさよなら公演

一九八二（昭和五七）年一月から四月にかけて、ついに国際劇場閉鎖による最後の公演が行われることになった。一月一五日から二月二四日までが民謡ファンタジー『ふるさとの四季』、『ザ・レビュー'82』（二十二景）の二部構成による第五十一回『東京踊り』で、二月二七日から四月五日まではＳＫＤミュージカル『踊れ!! ジュリアーノシシリアの恋』が上演された。

これらの公演プログラムには当時の松竹株式会社代表取締役社長であった大谷隆三の「御礼のことば」が別紙に印刷され、折り込まれている。

今回の「東京踊り」をもちまして松竹歌劇団の国際劇場グランド・レビュー公演を終ることになりました。永年に亘り国際劇場の松竹歌劇団公演をご愛顧下さいましたご厚情、誠に有難く心から御礼申しあげます。

早いもので松竹歌劇団が昭和十二年ホームグラウンドして、新築された東洋一の国際劇場に「グリーン・アルバム」第八回「東京踊り」で登場以来、今回の第五十一回「東京踊り」まで実に四十五年に亘り皆様方の暖いご支援、ご贔屓をいただき、独特のグランド・レビュー、世界のＳＫＤレビューへと成長してまいりました。（以下略）

『東京踊り』第一部の民謡ファンタジー『ふるさとの四季』のＰＡＲＴ・１「春」は『沖揚げ音頭』からはじまり『江差追分』『大島節』『八丈太鼓』など、そしてＰＡＲＴ・２「夏」では『伊那節』『阿波踊り』『佐渡おけさ』など、PART・3「秋」は『安久節』など、PART・4「冬」は『津軽あいや節』などが取り入れられ最後は春がめぐるという作りで、千羽ちどり、藤川洋子を中心として壮観な舞台が繰り広げられた。

そして第二部『ザ・レビュー'82』は、まず鵬寿美、甲斐京子、薫京子、峰かおり、明石薫による三番叟からはじまり、京都をモチーフにした第二景「舞妓の春」、蝶々さんが登場する第三景「長崎ファンタジー」、第四景では「桜の園」と景は目まぐるしく変わり、六～九景にかけては春日宏美が阿国、千羽ちどりが山三を演じる「阿国と山三」が上演され、絢爛な舞台にファンたちは大きく息を飲んだことだろう。

十五・十六景「ニューヨーク ワンダフル・ワンダフル」は一九四〇年代のニューヨークをイメージした景で、出演者五十人による総タップダンスというそれまでにない圧巻なステージで、今映像で見ても見事だ。当時、春日、藤川は事前の取材で

　私たちを育ててくれた国際劇場のラストステージで、なにか新しいことを発表したかった。最近ほとんど踊っていない本格のタップ。情熱に燃えて全員でぶつかります。（『読売新聞』一九八二年一月一三日）

と語っている。

十七景では国際劇場最後のエイト・ピーチェスによる景で、メンバーは高城美輝、小川真理子、愛川佳代子、宴園ゆり、高美マチ、星里くらら、銀河京、叶ひづるであった。そして、アトミック・ガールズの舞台数がNo.100となるよう、この公演ではアトミック・ガールズの出演景が三か所用意されていた。体力的な負担は大きかっただろうが国際劇場最後の舞台を飾る伝説的な景となったことは言うまでもない。

続いてSKDミュージカル『踊れ!! ジュリアーノ　シシリアの恋』が春日宏美主演で上演され、配役はジュ

1982(昭和57)年、国際劇場最終公演。春日宏美を筆頭に、千羽ちどり、藤川洋子、以下による華やかなフィナーレは多くのファンの心に刻まれた。(筆者蔵)

リアーノ＝春日宏美、マリーア＝高城美輝、モンテロ＝薫京子、カルロ＝甲斐京子、ロザーリ＝愛川佳代子、ジャン＝乙女春花、ソーニア＝高美マチ、バーバラ＝立原千穂などで、シシリア島の大富豪の娘マーリアがダンスコンテストの相手を探していたときにジュリアーノと出会い二人は惹かれあうも、紆余曲折の末ジュリアーノはブロードウェイの劇場でスターに上りつめていくという、春日にうってつけのミュージカルであったといえる。春日本人も思い出の作品のひとつとして挙げている。

そして絢爛豪華な大千穐楽の最後には、水の江瀧子によって一世を風靡した『タンゴ・ローザ』主題歌、テーマソング『桜咲く国』、松竹歌劇団歌『憧れの星座』が全員によって歌われた。

このようにして国際劇場における松竹歌劇団の公演は華麗に幕を閉じた。そしてこの公演が終了して間もなく、国際劇場跡地には浅草ビューホテルが建設されることが発表されている。

その後の松竹歌劇団の主な動きとしては、同年約五十年振りに歌舞伎座で行われた創立五十五年松竹歌劇団特別公演『ＳＫＤのすべて』で春日宏美は退団。その後、千羽ちどり、藤川洋子、甲斐京子らによって歌舞伎座などでレビュー公演が行われるも、一九九二（平成四）年にはミュージカル劇団へ転向、一九九六（平成八）年に松竹歌劇団は解散となった。

以後、「ＳＴＡＳ」をはじめ、松竹歌劇団出身者による後継グループがレビュー公演を続け、現在に至っている。

そして国際劇場の閉鎖から四十年以上を経た二〇二四（令和六）年現在、浅草には海外からの観光客の波が再び押し寄せている。現在もしも国際劇場があり、松竹歌劇団が浅草で公演を続けていたら、どんな様子だったのだろうか。あと数年で松竹歌劇団の創立より百年が経とうとしている。今後、継続グループによるレビュー公演がどのように続けられていくのか、見守っていきたいと思う。

Interview 2☆

春日宏美

インタビュー

(かすが　ひろみ)

松竹歌劇団14期生。国際劇場後期を支えた大幹部男役トップスター。スタイリッシュでエレガントな姿は多くのファンを魅了した。1982(昭和57)年の歌舞伎座『SKDのすべて』が退団公演となり、以後レビューのみならずミュージカル、演劇まで活躍の場を広げ現在に至っている。

小針　松竹舞踊音楽学校のことから教えていただきたいのですが、春日さんが受験されたときは何人ぐらいの方が受験されたのですか？

春日　八百人くらいが受験して、採用人数が七十五人だったのです。それで学校を経て歌劇団入団時には四十三人でした。私が受験した頃は東京のほかに、北海道、九州、大阪と四か所で受験が行われていたのですよ。

小針　春日さんはどの会場で受験されたのですか？

春日　私は岡山だったので、大阪でした。まだ大劇（筆者注・大阪劇場）があって、ＯＳＫの上級生の方たちが試験場に手伝いに来たりして。そこで五十人ほど受験したのですが、私の前に歌の上手い子がいたのですね。すごい上手だから受かるわねと思っていたら、大阪会場で受かったのが私一人でした。ほかに九州会場では二人受かって、そのうちのひとりが真屋順子でした。

小針　春日さんが入学された頃は三年制だったのでしょうか？

春日　はい、三年制で一年目は一生懸命勉強しました。二年目になると音楽の場合はクラシックからジャズになり、それからダンスはバレエからモダンになって、少しハイレベルになります。その二・三年目のときに舞台実習ということで、国際劇場の舞台に立ちました。

小針　では、舞台実習が初舞台になるわけですね。

春日　そうですね。でも途中から学校は二年制になって、最後は一年制になってしまいました。今思えばそうやって少しずつ国際劇場を閉める準備をはじめていたのですよね。もう一九六〇年代くらいから、それは決めていたようです。

小針　国際劇場は広かったと聞きますけど、どんな感じでしたか？

春日　とにかく国際劇場は広いのですよ。なのでマジ（日劇ダンシングチームの真島茂樹さん）が、「僕も国際劇場で踊りたいな。日劇でターンしてくるくると踊ると狭くて舞台から落っこちちゃうんだよ」って言っていました（笑）。マジはハリキリボーイだったから（笑）。私は大きい劇場で育っているから、大きい劇場の方が燃えちゃうのですよね。稽古場よりも、舞台でお客さんの前だとノッちゃう。

小針　根っからの舞台人ですね。

春日　宝塚はスターづくりをするけど、国際劇場はそうではないのですよね。電飾とか音とか大道具、噴水、火事の場面…、それで驚かせる。そういう演出でした。衣裳も女役の方が羽根をつけたりして派手、男役は燕尾とかタキシードで目立たないのですよ。そんな感じで、国際劇場が開場したときにターキーさんが「ここではスターは生まれませんよ」と言ったという意味が、後半わかりました。だって三階から見たら、演者なんか豆みたいに小さいんですから。

小針　そうですか。春日さんは国際劇場の閉鎖はいつ知ったのですか？

春日　あれは前の年の『秋の踊り』のときだったんじゃないかな。私は一九八一（昭和五六）年『夏のおどり』でトップになったのですが、その前に『夏のおどり』はなくなっていて『東京』と『秋』の二大公演になっていました。それが、その年から『夏のおどり』が復活すると団長に言われて、「わぁ嬉しい『夏のおどり』が復活するということは、これから上り坂ね」と思ったのです。それで『秋の踊り』の後半くらいだったのかしら、下級生から「国際劇場なくなるんですよ」「え、春日さん知らないんですか？」って言われて。それで「えー！」って。

小針　え！　じゃあトップスターの春日さんだけが知らないみたいな！

春日　そうなの、私は知らなかったんです（笑）。

小針　国際劇場がなくなるときって、どんな気持ちでした？

春日　私は国際劇場で初舞台を踏んだので、自分が育った国際劇場で退団したかったのです。そうしたら、次の歌舞伎座公演が決まっていて、「あなたがいないと歌舞伎座はできない」みたいに言われてしまって…。それで、「じゃあ歌舞伎座に一回だけ出ます」と、それが退団公演になりました。

小針　そんな経緯があったのですね。話は飛びますが、一九七〇（昭和四五）年に発足し、星野和彦先生が演出されたＳＫＤ・ドラマ・グループのこともお伺いできますか。

春日　松竹歌劇団というのは、ダンスと歌だからお芝居がないじゃないですか。それでドラマ・グループを作るということで、星野先生が「春日、オーディションやるんだけど」っておっしゃるから、「じゃあ私オーディション受けます」って。私はダンスがメインだったでしょ？　それで歌劇団辞めたときのことを考えて、お芝居の勉強をしなくてはと思ったのよね。

小針　そういうことだったのですね。

春日　それでイヨネスコでしょ。星野先生に「すごい難しいお芝居ですね」って（笑）。

「新派みたいにゆっくりセリフをしゃべるのではなく、早口でしゃべるように」と指導を受けました。

小針　早口でセリフをいうような演出だったのですね。ドラマ・グループは数作品を上演されています

1982年、退団公演時に制服に身を包んだ春日宏美氏。(写真本人提供)

が、これは通常の国際劇場公演の合間での公演だったわけですよね?

春日　そうです。都はるみショーに出演していたときがあったのですが、その際に渋谷ジァン・ジァンの公演とバッティングしちゃって。

小針　え、どうされたんですか?

春日　都はるみショーが終わってから向かいました。向かう車のなかで大きな付け睫毛の舞台化粧から、普通の化粧をしなければいけなくて大変でしたよ(笑)。

小針　そんなことがあったんですね(笑)。それからSKDは数多くの海外公演を行っていますが、春日さんは海外公演に参加された回数が一番多かったそうですね。

春日　そうなの、それに長期の海外公演に参加してるのね。

小針　最初に参加された海外公演は?

春日　最初は一九六二(昭和三七)年四月のハワイ公演でした。小月冴子さんに推薦されて十六人中の十六番目、最下級生で参加しました。花柳啓之先生

スタイル抜群の春日氏は、今も現役で舞台に立ち続ける。

が公演の団長だったのですが、ホノルルに花柳啓之社中の生徒さんがたくさんいらっしゃったのですよね。そのお弟子さんをバックにして、私たちＳＫＤが踊るというショーでした。

小針　日舞ばかりですか？

春日　ほとんど日舞です。田植えスタイルの衣装でラインダンスをしたり（笑）。

小針　海外だと国際劇場では見られないようなユニークな公演が行われたのですね（笑）。

春日　着ぐるみを着てキューピーさんもやりましたよ。「蝶々夫人」で私がピンカートンのキューピーさんで。そのときに面白い話があって、舞台装置として扇風機を舞台裏で回してたのですが、私たちがキューピーさんを演っていたとき、背景が倒れてきちゃって。そうしたら、現地の青年商工会議所の人たちが手伝っているのが丸見えになりました（笑）。

小針　怪我はされなかったのですか！

春日　怪我はなかったけれど、海外だといろいろなことがあるわね。スタッフも責任者しか行かないじゃない。オーケストラも指揮者だけで、演奏は現地のオーケストラにお願いするわけですから。舞台監督も衣装部さんも小道具さんも大体ひとりずつって感じでしたよ。

小針　そうでしたか。一ドル三百六十円くらいの頃ですか？

春日　そうです。当時は海外公演に参加すると、お給料のほかに出演料が三倍出たんですよね。

小針　それから、一九七三（昭和四八）年一〇月～翌年三月の南アフリカ公演では、黒人の方だけを観客にした公演が行われていたと伺っていますが、こちらについてお聞かせください。

春日　南アフリカは公演期間が半年だったのですが、その頃は人種差別がひどくて黒人の方はレストランや劇場に入ることができませんでした。それを聞いた六車進団長が一週間に一回、黒人だけの観劇日を作ったのですよ。幕が開いて私達が舞台に上がると、客席の様子がいつもと違うんですよね。客席は暗いじゃないですか。そこに黒人の方々が座って、それに着るものも何となく暗い色なのですよね。普段ならいろいろな色の服が見えるのに。それでいつもと雰囲気が違うなと思っていたのですが、景が終わるとバァーっと拍手が起きました。すると手のひらが白い。そして笑うから白い歯が見えるのね。そこで初めて「見てくれている人が大勢いるんだ」って。大入り満員だったの。

小針　**大盛況！　松竹歌劇団の公演で、初めて劇場に入った現地の人々が大勢いたわけですよね。感動的な話ですね。**

春日　そうなの。それで団長に、「凄い良いことしたね」って感謝しちゃって。

小針　**南アフリカ公演のすべて日程で、黒人の観劇日が設けられたのですか？**

春日　それは、最初のヨハネスブルグだけですね。ヨハネスブルグは酸素が薄い場所で、体がちょっとしんどかったのですよ。劇場には酸素ボンベがあったりして、バレエの人たちなどは酸素ボンベを使ったそうですが、私たちは使わないで元気に踊るので劇場の人に驚かれちゃって。

小針　**松竹歌劇団の踊りというとハードだったことで有名ですものね。**

春日　広いところでやっていたのが訓練になったのかもしれないですね。ほかの劇場に行くと、だいたい国際劇場の半分の広さくらいしかないわけですよ。だから、みんな力が有り余ってるみたいな感じです（笑）。

小針　**それから、一九七一（昭和四六）年四月からのソ連公演にも参加されていますね。**

春日　はい、私はソ連公演からトップで参加するようになりました。ソ連公演は、国と松竹株式会社の契約でしたから待遇がもの凄くよかったのですよ。

小針　**どのような演目を上演されたのですか？**

春日　洋舞などは行わず、日本の民族舞踊や深川マンボみたいに日本的な感じで、かつ派手なイメージ。アップテンポの曲を使用しました。

　そして、京劇みたいな白い化粧はしないでくれって言われたの。表情がわからないから。なので日本物でもすべてドーランに派手な化粧で、着物を着て、持ち道具を持って。着物を着てラインダンスしたりしましたよ。

小針　観客の方の反応はどのような感じでしたか？

春日　終わるたびに凄いですよ。スタンディングオベーションで、毎日大入りが出るほどでした。ソ連公演は私が行った海外公演のなかでも、一番ヒットしたのではないかと思います。

小針　ソ連公演は一日何回公演だったのですか？

春日　一日一回で、だいたい夜の公演ですね。観客の方はタキシードやドレスで着飾ったりして。みなさんお食事してから劇場に来られるので開演は夜八時からとかでした。

小針　そのときに女優の岡田嘉子さんが観客としていらしたわけですか？

春日　そうです。今でも覚えてますよ、苺を持って来てくださったこと。ソ連公演中はフルーツや野菜に飢えていたので、うれしかったですね。

小針　岡田さんもお喜びになったのではないですか？

春日　そうですね、日本人が劇場に出演しているのですから懐かしかったでしょうね。そのあと国際劇場にもいらしてくださったのですよ。

小針　岡田さんが国際劇場を訪ねられたお写真は、当時のプログラムに掲載されていますね。

今回はありがとうございました、またいろいろと聞かせてください。

二〇二四年六月一〇日談

あとがき

私は一九八七（昭和六二）年生まれなので、実際の国際劇場はおろか日劇も見たことがない。なんとか閉場間際の新宿コマ劇場やシアターアプルには何度か足を運ぶことができた程度である。

しかし、幼いころから昭和の映画や歌謡曲に親しむ中で、『リンゴの唄』の並木路子さんが松竹歌劇団の出身だったことは知っていたし、なにより美空ひばりさんが少女時代に出演された映画には川路龍子さんや曙ゆりさん、小月冴子さんなどの出演があったことから、松竹歌劇団の名やスターの方々のことを当然のように認知して育った。そして15歳のときには、まだお元気でいらした水の江瀧子さんにファンレターを出したこともあり、そのときにいただいたサイン入りのプロマイドは今も一番の宝物である。

その後、私は芸能史をたどる著述家としての道を歩み始めたが、とにかく松竹歌劇団史に関する書籍が『松竹歌劇団50周年記念写真集 レビューと共に半世紀』（松竹歌劇団・編）や『タアキイ』（中山千夏・著）などのほかに、ほとんどないことに悩まされた。近代日本の芸能史の中で大きな存在であったはずの松竹歌劇団史が客観的に記録されていないことは、日本の芸能史のなかの大きな欠落であり、これは日頃から松竹歌劇団ＯＧの方々にお世話になっている私が記録しておかなければならないと、と心を決めて筆を執った次第である。

執筆を行ううえで松竹歌劇団が日本の芸能史に与えた影響がどれだけ大きかったかを痛感し、すべての作品、スタッフ、生徒について触れたかったが、紙数の制限があるなかで劇団の主要事項、主に松竹座、国際劇場および東京における公演を中心にしか取り上げられず、海外公演や地方公演にはわずかに触れるだけとなってしまったことは残念であった。

ことに紙数や執筆期間の関係上、国際劇場閉場以降の松竹歌劇団公演について記載することができなかったのは痛恨の極みであり、多くの読者の方が不満を抱くことと思う。

しかし今後も筆者のライフワークとして松竹歌劇団について追いかけていくことは決心しており、必ず別の機会で後期の松竹歌劇団について執筆させていただけたらと考えている。

本書は特別に、戦後ＳＫＤ黄金期を支えた娘役の幹部スターである小柳久子さん、国際劇場の最後を飾った男役大幹部スターの春日宏美さん、お二人のインタビューを掲載することができた。この偉大なスターお二人の在団時期は入れ替わるように重なっていないため、戦後ＳＫＤの再開から国際劇場の閉場までの歴史を網羅的に穴埋めすることができたのは幸福としか言いようがない。

このほか、「松竹歌劇団」の劇団名を書名に使用することなどを許可くださった松竹株式会社様、写真掲載について許可くださった元松竹歌劇団ＯＧの方々、そして私の活動をご理解くださり、いろいろと面倒をおかけした日本評論社の入江孝成さんには心より感謝を申し上げたい。

また、執筆構想の以前から宝塚歌劇団、日劇ダンシングチームのＯＧ・ＯＢの方々から当時のレビュー界の状況を伺ってきたことも、本書の執筆にどれだけ役に立ったかわからない。

末筆ではありますが本書にご協力いただいた皆様、ありがとうございました。

二〇二四年八月十五日

小針侑起

参考文献

書籍

松竹歌劇団公演パンフレット、プログラム各種
警視庁総監官房文書課記録係（編）、『警視庁事務年鑑　昭和8年』
社会局労働部、『労働争議調停年報』、一九三四年
オリエ津阪、『ルンバの嘆き』、新陽社、一九三六年
水の江瀧子、『白銀のダリア』、新陽社、一九三六年
川添利基（編）、『日蓄（コロムビア）三十年史』、株式会社日本蓄音器商会、一九四〇年
早稲田大学演劇博物館（編纂）、『演劇年鑑1947』、北光書房、一九四七年
『スクリーンチャーナル特輯　SKDグラフィック　松竹歌劇スタア名鑑』、ジャパン・ヂャーナル社、一九四七年
秦豊吉、『宝塚と日劇　私のレヴュウ十年』、いとう書房、一九四八年
『松竹歌劇スタア名鑑　1949年版』、オペラファン社、一九四九年
『大船タイムズ』No.9、松竹株式会社、一九四九年
『松竹歌劇団オールスタア名鑑　1950年度版』、国際劇場、一九五〇年
西岡浩、『松竹少女歌劇物語』、南風書房、一九五〇年
『松竹歌劇団名鑑　1951年版』、松竹株式会社事業部、一九五一年
城戸四郎、『日本映画伝　映画製作者の記録』、文藝春秋新社、一九五六年
コロムビア50年史編纂委員会（編）、『コロムビア五十年史』、日本コロムビア株式会社、一九六一年
『松竹七十年史』、松竹株式会社、一九六四年
橋本雅夫（編）、『宝塚歌劇の60年』、宝塚歌劇団出版部、一九七四年
『松竹八十年史』、松竹株式会社、一九七五年

松竹歌劇団（編）、『レビューと共に半世紀　松竹歌劇団50年のあゆみ　松竹歌劇団50周年記念写真集』、国書刊行会、一九七八年
矢代静一、『銀座生まれといたしましては』、新潮社、一九七九年
佐藤愛子、『愛子の百人斬り』、角川書店、一九八一年
松竹歌劇団（監修）、『舞台の恋人たち　躍動する青春の詩』、第一法規出版、一九八二年
服部良一、『ぼくの音楽人生』、中央文芸社、一九八二年
瀬川昌久、『ジャズで踊って　舶来音楽芸能史』、サイマル出版会、一九八三年
斎藤憐、『昭和のバンスキングたち』、ミュージックマガジン、一九八三年
『松竹九十年史』、松竹株式会社、一九八五年
吉村公三郎、『キネマの時代　監督修業物語』、共同通信社、一九八五年
『松竹歌劇団創立60周年記念写真集　SKD REVUE』、松竹歌劇団、一九八七年
並木路子、『「リンゴの唄」の昭和史』、主婦と生活社、一九八九年
色川武大、『なつかしい芸人たち』、新潮社、一九八九年
中山千夏、『タアキイ　水の江瀧子伝』、新潮社、一九九三年
小島千鶴子、『小島利夫と私　都の西北と松竹少女歌劇』、ベースボール・マガジン社、一九九四年
沢憲一郎、『二人の千代子』、文園社、一九九四年
『日本映画人名事典　女優編（上巻）』、キネマ旬報社、一九九五年
『日本映画人名事典　女優編（下巻）』、キネマ旬報社、一九九五年
橋本与志夫、『日劇レビュー史　日劇ダンシングチーム栄光の50年』、三一書房、一九九七年
和田妙子、『上海ラプソディー』、WAC、二〇〇一年
加藤和也、株式会社ひばりプロダクション、『美空ひばり公式完全データブック　永久保存版』、角川書店、二〇一一年
宝塚歌劇団、『宝塚歌劇100年史　虹の橋 渡りつづけて（人物編）』、阪急コミュニケーションズ、二〇一四年
OSK日本歌劇団、「OSKたけふレビュー」パンフレット、二〇二〇年

『松竹歌劇名鑑』、松竹株式会社事業部、発行年未記載
堀内敬三（編）、『伊庭孝遺稿集　雨安居荘雑筆』、信正社、発行年未記載

新聞

『読売新聞』、読売新聞社
『歌劇新聞』（一九三四年九月一日～一九三五年一月一五日）、公認全国松竹少女歌劇後援会

雑誌

『楽劇』各号、松竹少女歌劇
『少女歌劇』各号、松竹少女歌劇団
『タアキイ』一九三三年第二号～一九四〇年終刊増大号、水の江会
『舞踊新潮』一九三五年四月～一九三六年二月号、舞踊新潮社
『日本評論』一九三六年九月号、日本評論社
『フットライト』一九三八年（全六号）、松竹株式会社事業部
『オペラファン』一九四八年四月号～一九五二年五月号、オペラファン社
『松竹歌劇』一九四九年一月号～一九五六年二月号、松竹株式会社事業部
『歌劇ファン』一九五〇年四月号～一九五二年九月号、歌劇グラフ社
『幸福生活』号不明
『人物往来』一九五六年三月号、人物往来社
『婦人公論』一九六四年二月号、中央公論社
『文藝春秋』一九九〇年二月号、文藝春秋社
『週刊文春』二〇〇九年一月二九日号、文藝春秋社

レコード

『松竹創業90年記念　松竹歌劇全集』解説書、日本コロムビア、一九八五年

協力・スペシャルサンクス　五十音順

岡本澄、沖千里、春日宏美、金丸正城、小柳久子、松竹株式会社、鈴木としお、ＳＴＡＳ・ＯＧ東京レビュー、瀬川昌久、千羽ちどり、有限会社草琇舎、千秋みつる、チエコオフィス、千草かほる、土井嘉子、藤川洋子、八木正子、矢代朝子

小針侑起（こばり・ゆうき）

1987年、栃木県生まれ。作家、芸能史研究家。

著書に、『遊廓・花柳界・ダンスホール・カフェーの近代史』（河出書房新社、2022年）、『戦争と芸能』（扶桑社、2022年、共著）、『大正昭和美人図鑑』（河出書房新社、2018年）、『浅草オペラ 舞台芸術と娯楽の近代』（森話社、2017年、共著）、『あゝ浅草オペラ』（えにし書房、2016年）などがある。

栄光《えいこう》の松竹《しょうちく》歌劇《かげき》団《だん》史《し》
憧《あこが》れの星座《せいざ》たちが歩《あゆ》んだ軌跡《きせき》

2024年10月5日　第1版第1刷発行

著者　小針侑起
発行所　株式会社 日本評論社
〒170-8474 東京都豊島区南大塚3-12-4
電話 03-3987-8621［販売］
03-3987-8599［編集］
印刷所　株式会社 精興社
製本所　株式会社 難波製本
装釘・組版　蔦見初枝（山崎デザイン事務所）
インタビュー写真撮影　中野泰輔

ISBN978-4-535-58791-5